名和弓雄 著

【第二版】

長篠・設楽原合戦の真実

―甲斐武田軍団はなぜ壊滅したか―

—目次—

第1章 戦術面からみた虚構

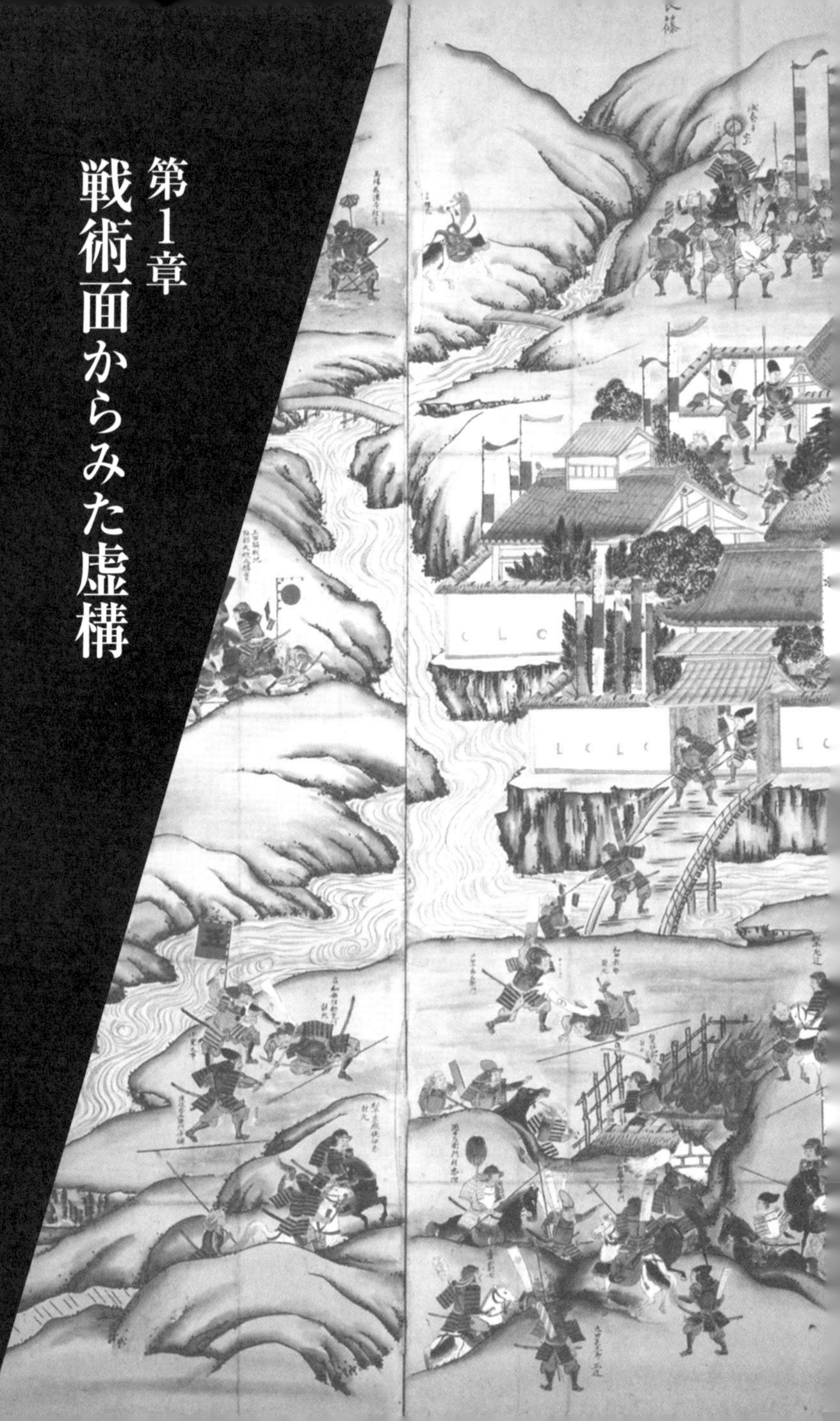

虚構の「長篠・設楽原合戦神話」

日本史と東洋史と西洋史の、それぞれ読後の感銘度を比較してみた。

感銘の一番少ないのは日本史であった。

理由は、勝った側の都合のよいように書き改められた、信じられない嘘《うそ》の記述が、あまりにも多いからではないかと思った。

次の東洋史は、波瀾万丈、ドラマチックで、それなりの感銘もあり、大そう面白いが、感激するような場面は少ない。

三つの歴史のうち、西洋史が最も感銘深く真実の人間ドラマと感じられた。

西洋史には嘘の記述が少ないのではないかと思う。

真実は小説より奇なりと言われる。でっちあげられた作り話より、真実の人間ドラマは、人の魂をゆさぶり、深い感銘をよびおこすものである。

歴史事実の時点から、数年あるいは数十年を経て、勝利者側の人や、勝者にへつらう人達によって、適当にでっちあげられた、一方的な勝利者の記録に、作為や嘘が多いのは当然である。

歴史の真実は、現場に居合わせた勝者と敗者、双方の記録と、合戦や事件にかかわった人達の見聞や伝承こそ、信用するべきである。

長篠《ながしの》城攻めにつづく、設楽原《したらがはら》合戦は、織田信長《おだのぶなが》・徳川家康《とくがわいえやす》連合軍の鉄砲隊が、武田勝頼《たけだかつより》軍を潰滅させた、日本歴史上有名で重要な合戦である。この長篠城攻めと設楽原合戦をあわせて、一般には「長篠合戦」あるいは「長篠の戦い」と呼称している。

しかしこの長篠合戦の定説は、全く虚構の物語に終始し、信長を戦術の天才と賛美し、家康麾下《きか》の将兵の勇猛さを賞賛するために記述されたものである。

この虚構が、数百年来、現代に至るまで、定説としてまかり通っているのは、軍事専門家や歴史学者や有識者が研究もせず、あきもせず間違いの定説を、くりかえしくりかえし記述してきたからである。

武田勝頼軍は騎馬軍団を組織して怒濤の如く次々に突撃をくりかえした。迎え討つ織田信長・徳川家康連合軍は、三段構えの馬防柵《ばぼうさく》の陣地に三千挺の火縄《ひなわ》鉄砲隊をおき、三段入れかわり一斉射撃をくりかえして、あっけなく武田軍を潰滅させた。

以上の戦況が、いわゆる、「長篠・設楽原合戦神話」であって、定説のほとんどが、この説を支持し、これに馬防柵のつくりかたや丸太棒の数を推理したり、火縄鉄砲の装塡《そうてん》に早盒《はやごう》を使った程度の研究を、勝敗の鍵ででもあるかのように書き加えた記述が多い。

そのような、枝葉末節の推理や研究よりも、謎をとくためには、もっと根本的な推理、研究が必要である。

現在の設楽原。右側が武田方、左側が織田・徳川方（愛知県新城市）

たとえば、なぜこの設楽原が、戦場に選ばれたのか？
当時の設楽原の状態や環境はどうであったか？
当時の合戦の実態はどのようなものか？
野戦《やせん》と攻城戦《こうじょうせん》の相違は？
騎馬軍団がもしあったと仮定して、騎馬部隊の戦闘方法は？
火縄鉄砲の操法についての根本的な知識。
織田・徳川連合軍の野戦築城と作戦の実体に関しての詳細な推理・研究。
これまでの虚構の定説の要点は、次の三ヶ条である。
しかし、これらはまったく間違った推理である。
一、馬防柵は用心のため三段に設けた。
一、武田軍は騎馬軍団の一斉突撃の繰り返しで攻めたてた。武器は刀や槍。

一、織田・徳川連合軍は火縄鉄砲の三段入れ替り射ちで、武田軍を射殺した。

長篠城攻略戦では、城にたてこもった奥平《おくだいら》軍の防禦用兵器は火縄鉄砲で、攻める武田軍も火縄鉄砲。はげしい銃撃戦を繰り返したが落城しなかった史実がある。

長篠城攻略戦につづいて始まった設楽原合戦では、鉄砲を使ったのは、織田・徳川連合軍側だけで、武田軍が鉄砲を使ったという記述は、どの定説を調べても、ただの一行も出てこない。これは考えられない不合理である。

長篠合戦図屏風にも、鉄砲を射っているのは、織田・徳川連合軍だけで、武田軍兵士で鉄砲をもっている者は一人もいない。

ただ戦死した武田軍兵士の身近な地面に、火縄鉄砲一挺が描かれているだけである。

虚構の定説の中には、武田軍は鉄砲の威力を軽視して、使用しなかった……と記述したものもある。この定説に反する史実として、現在も長篠の資料館に展示してある古文書に、「弓、鉄砲は肝要に候間、長柄、持ち鑓《やり》などは、これを略しても、知行役の鉄砲不足に候、向後は御用意の事。つけたり、薬の仕度あるべし。鉄砲持筒一挺のほかは、しかるべき放し手（射手）を召しつれるべきの事。

己己年十一月十二日　土屋奉之

市川新六郎殿」

これは設楽原合戦の七年前の武田家文書。

虚構の定説のように、鉄砲の威力を軽視する者がいるはずがない。

設楽原合戦の頃、石山本願寺《いしやまほんがんじ》合戦で、織田信長の大軍は、四町四方壁一重の本願寺を攻略できず、手痛い目にあっていたのは、本願寺側に参戦した、雑賀孫市《さいかまごいち》の鉄砲隊の威力によることを、当時の武士は皆、熟知していた。

虚構の定説中には、設楽原合戦で、武田方の重臣で有名な武将たちの戦死者が、他の合戦に比較すると意外に多数である理由として、武田勝頼が陣代《じんだい》という地位であるため馬鹿にして仲が悪く、反目し、勝頼の器量に絶望した結果、一族郎党、郷土の農民兵士を道づれにして、待ち構える三千挺の敵の銃口めがけて、騎乗のまま突撃した、自暴自棄《じぼうじき》の集団自殺であった……という暴論まである。

戦国時代は下剋上《げこくじょう》の世であった。

主人に不満があれば、攻め殺すか、退散して他家に仕えればよいし、参戦しなければよいし、敵前から逃げかえればよい。

設楽原をまもる会の今泉正治会長（左）と筆者

葵武具資料館の加藤征男館長（右）と筆者

朝もやの設楽原古戦場に立つ筆者

現実に、武田家の親類筋の武将で参戦しなかった者も多いし、穴山《あなやま》梅雪《ばいせつ》のように敵前から、さっさと引きあげた武将もいる。

設楽原戦記で充分に納得できるものに、いまだかつてお目にかかったことがない。

虚構の定説を記述した人達は、良質の資料を読んだこともなく、実証もせず、騎馬隊の戦闘や火縄鉄砲の戦闘に関する研究も知識もなく、机上論だけででっちあげた軍談調の虚構の戦記が、

「設楽原神話」である。

天正《てんしょう》三年（一五七五）五月二十一日（太陽暦では七月九日）、謀略と作戦の喰い違いの犠牲となって、武田勝頼軍一万余人の壮士は、砲煙と轟音に包まれた、設楽原の泥濘《でいねい》の中に投入され、狙撃の標的となって、無念の死を遂げた……という結果だけが歴史にのこり、合戦の真相は謎につつまれて、何一つ解明されていない。

真相の究明こそ、歴史研究の一課題であり、研究者の責務であると思う。

鉄砲の怖ろしさも知らず、進むを知って退くを知らぬ猪武者《いのししむしゃ》よと、四百年の永きにわたり、さげすみ続けられた戦死者の無念さと、敗北者の烙印《らくいん》に甘んじてきた子孫の方々の無念さを消し去るには、合戦の真相を究明することが、何よりの手向《たむ》けであろう。

筆者は公正な立場から、設楽原合戦の真相を解き明かすことを、ライフ・ワークとしたい。

なお、本書では各個の合戦を区別するため、本文中は「長篠合戦」という全体の名称ではなく、「長篠城攻め」「設楽原合戦」というように分けて記述する。

武田騎馬軍団は空想の産物

明治時代、日本帝国陸軍の騎兵隊が編成されるまで、日本国内に騎馬軍団といえるものは、まったく存在していない。

平安・鎌倉時代で終わった騎射戦は、きわめて少人数の個人戦闘で、軍団と呼べるような規模のものではない。

当時、日本産の馬は、数も少なく、馬格は貧弱で、背丈は一メートル二十センチから、一メートル四十センチ。走る速度は秒速四メートルか五メートル。わずかな障害物も跳び越えず、火炎と轟音に狂奔《きょうほん》する。

日本産の馬では、騎乗しての戦闘はできない。戦場は、何の障害物もない平坦な野原ではない。敵の侵入を防ぐための、鉄砲構え、木柵、空壕《からほり》、逆茂木《さかもぎ》、虎落《もがり》などの防禦施設があり、矢弾丸《やだま》を防ぐ竹束（「うし」と呼ばれる三角筒状の台にかけならべる）や種々な楯がならび、戦闘中であれば、折り重なって倒れ伏す敵味方の屍《し》体など、障害物の多いのが当然である。

この問題はさて置き、馬に乗って戦うことの不利であることを実証してみる。

騎馬武者一騎と、徒歩《かち》の雑兵《ぞうひょう》一名が、対決する場合を推理してみる。

第一例は、双方とも、火縄鉄砲を携行していて、装塡ずみであると仮定する。野戦で敵と我と遭遇したとき、火縄鉄砲の場合は、絶対射ち損じない至近《しきん》距離まで引きつけておいて、よく狙って発射する。

射ち損じると、次の装塡までの間に斬りこまれるので、二〜三メートルまで引きつけて射つのが常識である。

この対決を考えてみると、騎馬武者の不利なことは、徒歩の者より目標が大きく高いし、身をかくす遮蔽《しゃへい》物が見つけがたいことである。

徒歩の者は凹地《くぼち》や遮蔽物に身をかくして射撃できる。

騎乗者が発砲すれば、起爆薬の発火煙と発射の轟音に驚いた乗馬は棹《さお》立ちになるか、乗り手をはねおとす。落馬すれば、銃床で殴り殺される。

第二例は、双方が槍を武器として使う場合を推理する。

騎馬武者の持ち槍は、長さ三メートル以内のものしか使えない。柄《え》の材質は白樫《しろかし》が多いので、かなりの重量がある。

雑兵の数槍は、長さ四メートルから五メートル、六メートルのものまで使われ、柄の材料は、芯《しん》に木材を入れ、割り竹で周囲を包み、麻布で巻き、漆《うるし》で表面を塗り固めた「打柄《うちえ》」が使用されたので、重量は軽く、撓《しな》うために折れたり斬られたりすることは絶対ない。

上から振りおろしたり、横に払ったりして敵を殴りつけ、突き刺し、多人数で「槍ぶすま」を組めば、さながら針ねずみのようになり、近づくことができない。

騎馬武者の槍と、雑兵の槍の対決を推理すれば、乗馬は遠くから殴り倒され、騎乗の武者は落馬し、いとも簡単に刺殺される。

槍や刀や鉄砲を馬に乗って使うことは、まことに難かしい。

刀は敵を馬首の右横においた場合しか使えないし、槍は敵を馬首の左と左横においた場合しか使えないし、鉄砲は馬上銃とよばれる短銃が使いよく（片手射ちなので）、長銃は発射・装塡ともに使いにくい。

馬を走らせている場合、命中精度が殊《こと》に悪いので、騎乗の馬上銃には、一つ玉より、散弾を使い、これを塵砲《じんぼう》打ちと呼んでいる。

以上のように、馬に乗って戦えば、雑兵より弱く、全く勝目はないので、戦闘になれば馬から降り立ち、後方に馬索《うまひ》きが索いて行くか、陣中の馬囲いに、馬をあつめておき、騎馬武者といえども、槍や鉄砲をもって徒歩《かち》立ちで戦うのが常識である。

敵の雑兵（長槍組）が、槍を伏せて待ち構える正面から、あるいは槍ぶすまの正面から、あるいは、鉄砲の銃口のならぶ正面から、乗馬のまま突進するということは、全くありえない。

『日本覚書』と題した一冊の本は、ポルトガル人の宣教師、ルイス・フロイスが、日本及び日本人に関する、あらゆる詳細な観察を、克明に書きのこした書物である。

フロイスは来朝後、織田信長に十八回謁見《えっけん》したと記録され、設楽原合戦の野戦築城に関連のある人であると筆者は推理している。『日本覚書』の第七章の三十七に、「われ等においては馬上で戦う。日本人は戦わねばならぬときには、馬からおりる」と、簡潔明瞭に書きのこしている。

武田家関係の古文書である、『甲陽軍鑑《こうようぐんかん》』の記述中には、

「武田軍の大将や役人は、一備え（千名程）の中に、七人か八人が馬にのり、残りはみな、馬を後に曳《ひ》かせ、槍をとって攻撃した」とある。

設楽原合戦の武田勝頼軍を、一万五千人と推定すると、『甲陽軍鑑』の記録によれば、十五備え。大将、副将、武将や、高級将校の乗馬者は、百二十名。のこりの騎馬武者の、下馬した乗馬は馬索きが後方に索き、武者は徒歩立《かち》ちで槍をとって戦った……これが真実に近い記録であろう。

同じく『甲陽軍鑑』に、「長篠合戦場、馬を十騎とならべて乗る所にて無し」と記録している。

騎乗の高級武将や、お使い番（騎乗の伝令）は、合戦場の東西にある小高い見通しのきく本陣に馬をたてて観戦し、合戦場に馬を入れた者は数えるほど、少数の武将だけであったと筆者は推理

する。

その推理の根拠は後述する。

以上述べてきたように、鉄砲の標的や長柄槍の標的になりやすい乗馬、槍や鉄砲の使用に都合の悪い乗馬が、戦争に必要であったのは、その耐久力と機動性を評価したからである。戦闘に乗馬を使用する場合は、味方の勝利が確認され、敵が戦闘力をなくして、敗走しかけたとき、素早く騎馬武者を動員して敵を蹴ちらして、総崩れにするきっかけをつくる。

敵が崩れ立ち、逃走し始めれば、騎馬武者が追跡して追い崩し、捕らえるか殺す。

隠れひそむ敗残兵の探索や掃蕩《そうとう》には、機動力を生かし短時間に広範囲を動ける騎馬武者を充当する。

馬の効用は、あくまで輸送運搬用であって、騎乗を許される身分の高い武者の長途の行軍用と、武器や武具、糧食、宿泊用具、陣地構築用資材などの輸送運搬用である。

筆者が戦時中、馬政局嘱託《ばせいきょくしょくたく》の、在郷軍用保護馬の指導員として、七年間、馬の調教に当たった体験では、馬は進路前方の障壁、壕を恐れきらい、わずか一メートルに満たぬ小溝でも、跳び越す馬は少ないし、泥濘に脚をとられて横倒しになることがしばしばあった。

合戦当日の設楽原の泥濘については後述するが、踏みこめる状態ではなかった。

設楽原合戦当時の火縄鉄砲

多くの定説は、武田騎馬軍団の波状的一斉突撃を、火縄鉄砲の三段射ちで、皆殺しにしたという説をとっている。

騎馬軍団は存在しないし、騎乗の一斉突撃などあるはずがないことはご理解いただけたと思う。鉄砲隊の三段射ち、移動三段射ち説は、火縄鉄砲を良く御存知ない方が、実験もしないで記述された、まったくの机上論であることを、これから記述したい。

筆者の火縄鉄砲研究は六十五年間に及び、東京新宿鉄砲組百人隊、岩国藩石田流鉄砲隊は、筆者の指導で誕生したものである。

四十名の火縄鉄砲組を指揮した体験と、種々な実験ができたのは、この著述のために、得難い基礎知識となった。

当時、実戦で使用された火縄鉄砲は、鍛鉄製巻張りの筒を、木製の銃床に固定し、真鍮製の発火機構を備えた、いわゆる「種子ヶ島銃《たねがしま》」で、弾丸は鉛や鉄が多く、黒色火薬と弾丸を銃口から装填する先込《さきこめ》式鉄砲で、単発であった。

実戦用の軍銃としては、玉目三、四匁《もんめ》から十匁までの長銃が使用された。

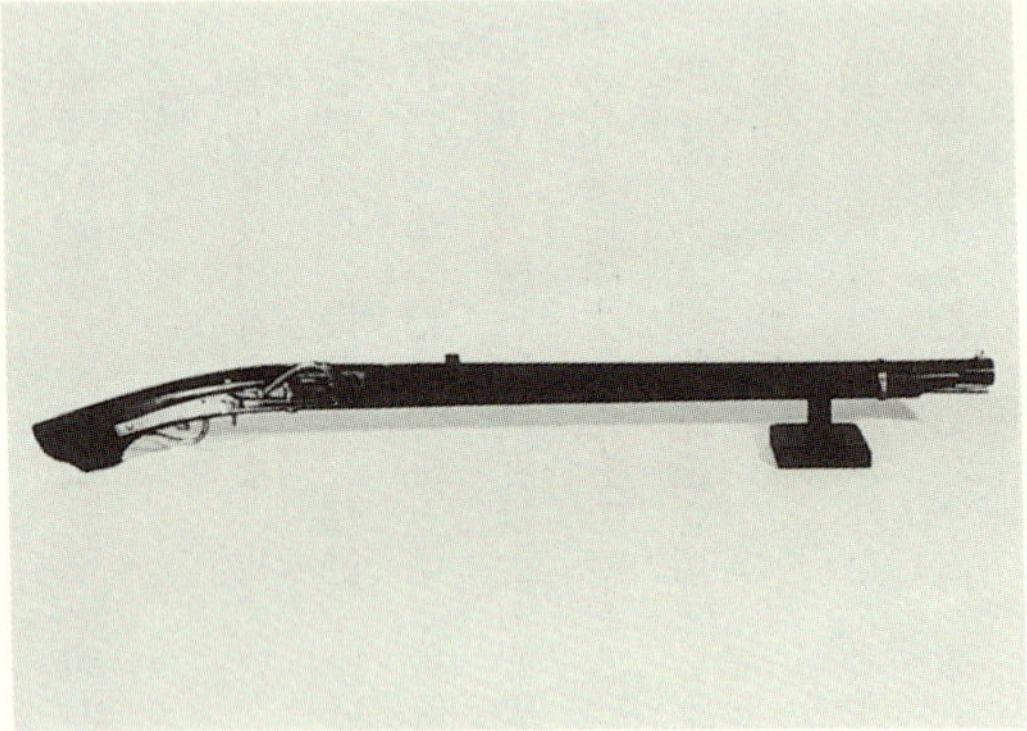

火縄鉄砲

十匁筒の鉛玉は直径二センチ弱、首に命中すれば頭部が切れてふっ飛び、四肢に命中すれば切断されてふっ飛ぶ。

実戦では、なるべく至近距離から射撃し、一発で即死させるか、戦闘力を失わせる。

至近距離から射てば、ほとんどの具足《ぐそく》（鎧）は貫通する。

使用する黒色火薬は、硝石《しょうせき》七、硫黄《いおう》一・五、木炭一・五を微粉に挽き、焼酎《しょうちゅう》（アルコール）で混合し、乾燥後小四角片に刻む。

これを銃口からそそぎこみ、銃腔《じゅうこう》内薬持ち（薬室）に突きこむ。盒薬《ごうやく》という。

同じ小四角片を乳鉢で微粉にすり、小火薬容器に納め携行する。起火薬または口薬という。盒薬は火の通りを早くし、一瞬に爆発するように粒をややあらくする。

起火薬（口薬）は火付きをよくするために微粉に挽く。

盒薬容れ

火皿に盛ったとき、右拇指《おやゆび》のはらで押しつけておくと風に飛ばされない。

銃撃戦で勝敗の極め手となるのは、命中精度と装塡時間と銃の耐久度である。

設楽原における織田・徳川連合軍と武田軍、双方の鉄砲隊について、まず装塡に関する記述からはじめよう。

装塡方法は大きく分けると三つの方法がある。

その第一は、装塡時間に余裕のあるとき。

盒薬を焔硝容器に数発分入れてもち、鉛弾丸を数発分、弾丸用具（弾丸袋、または烏口《からすぐち》）に入れてもち、口薬（起火薬）を細口の小口薬容器に数発分入れてもつ。

まず銃口を上に銃身を垂直に近くたてて保持する。

火蓋《ひぶた》をひらき（切るという）、銃口に口をあて、息を強く銃腔内に吹きこんで、火皿の火口穴から、息が出るのを確認し、火蓋をとじる。

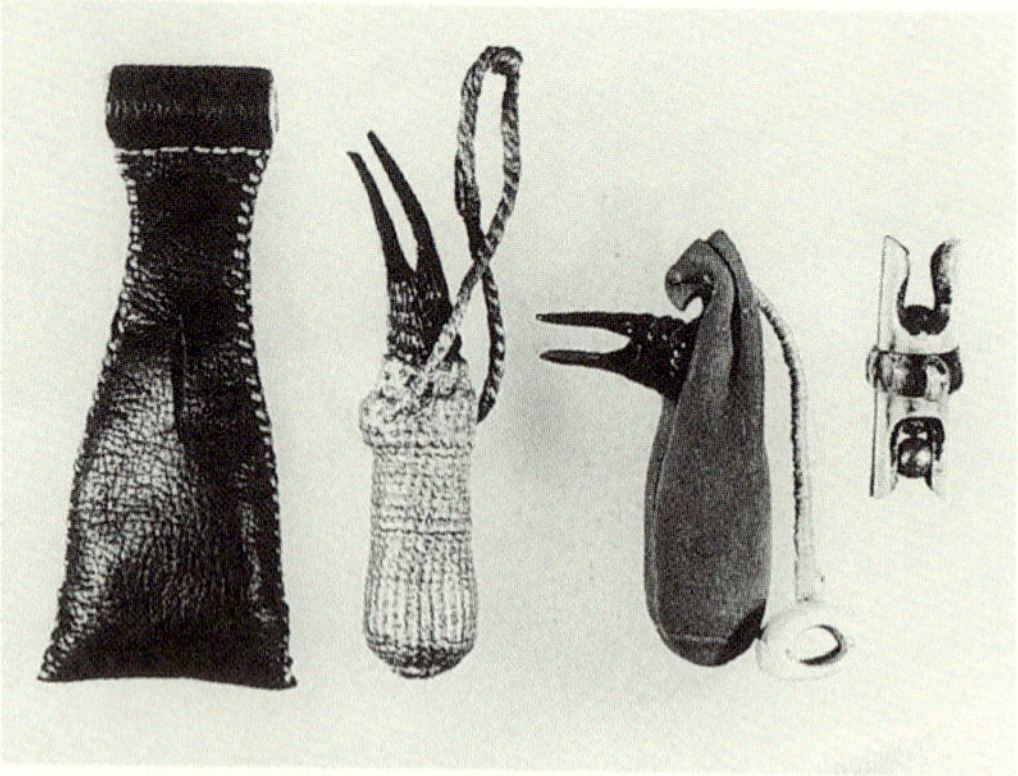

烏口

盒薬の容器は右腰帯にさげるか、左肩から斜めに右腰にさげる。盒薬容器は、かぶせ蓋にして雨や湿気が入らぬように作り、蓋に盒薬をすりきり一杯盛れば、一発分の適量となる火薬計量具を兼ねている。銃口から吹いて息が通れば、異物や焔硝かすなど銃腔につまっていないし、火口穴も完全に通じていて、弾丸の発射可能なので、適量の火薬十匁（約四グラム程度）を銃口からそそぎこむ。

次に弾丸容器または口腔内にほおばり、歯でかんできずをつけておいた弾丸一発を、銃口に口をつけて強く銃腔内に吹きこむ、または烏口から抜きとり一発を銃口からおとしこむ。

次に、柵杖《こみや》（かるか）を銃腔内に入れて、二、三回強く突き込む。

薬持ち（薬室）内の盒薬に、鉛弾丸が喰いこむように、

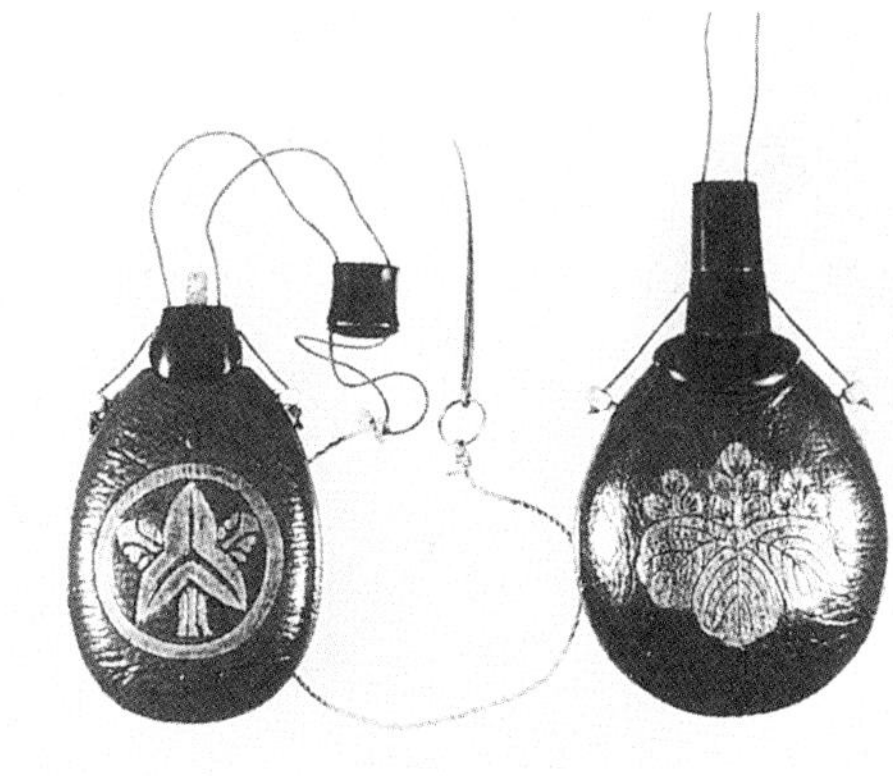

口薬容れ

かるかで突くのは、銃口を下方に向けたとき、鉛弾丸が転がり落ちるのを防止するためと、焰硝が爆発したときの瓦斯《がす》圧を一層強めるためである。

　次の操作は、銃身を水平に保ち、まず火縄はさみを上方に引きあげ、次に火蓋《ひぶた》をひらき口薬を火皿に適量盛る。口薬容《い》れは、具足の右高紐を茱萸《ぐみ》（胴の右端の紐につけた水牛角製紡錘《ぼうすい》形の止具）にかけ合わした個所に、二十センチほどの紐でさげて携行する。口薬を盛り終わり火蓋をとじる。

　次に、火縄（軍陣用木綿《もめん》紺色染め晴雨兼用）の先端に点火し、火縄の先をよく吹いて、灰をおとし先端の火の部分をとがった状態にして、火蓋にふれぬように、火縄はさみに着装する。火縄のつけかた、先端の火の状態などがよくないと、引鉄《ひきがね》をおとしても不発になる。不発の場合は、火蓋をとじ、火のついた火縄をとり外

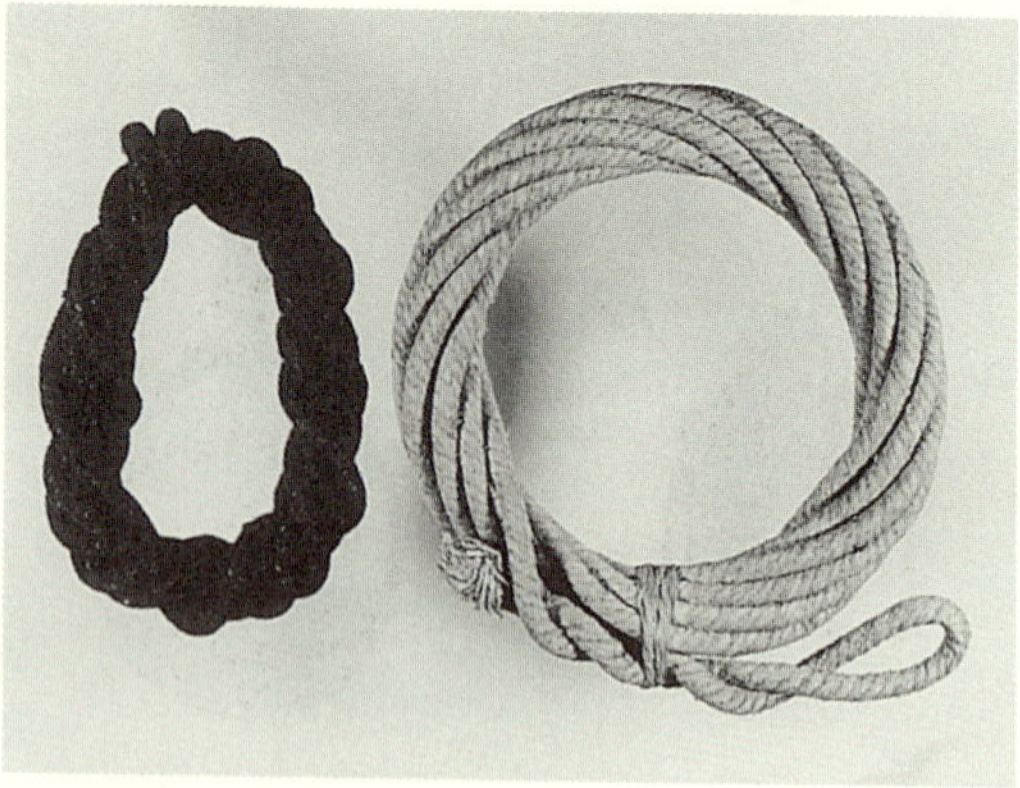
火縄

しておかねば、思わぬ時に、いつ爆発するかわからず危険である。

以上が装塡（弾丸込め）の手順である。

このような手順で装塡すると、二十秒以内で弾丸こめ、口薬盛り、点火した火縄とりつけが終了する。

第二の装塡方法は、盒薬と弾丸ごめを一挙動で行い、かるかで突き固める操作までを素速く出来るように工夫された、早盒《はやごう》を使用する方法である。

早盒と呼ばれる小道具は、竹製・木製・角《つの》か牙《きば》製の、長さ十センチから十五センチ、中空の筒状の小道具で、かるかが貫通する太さの穴があいている。穴の底は十匁玉用であれば、十匁の弾丸が抜け落ちぬように内側に細椽《ふち》をつけ、弾丸一発を底にとまるように作り、弾丸の上部の空きに焰硝一発分の量（盒薬）をつめる。筒の上には焰硝と弾丸がこぼれ出ないように、鹿皮で

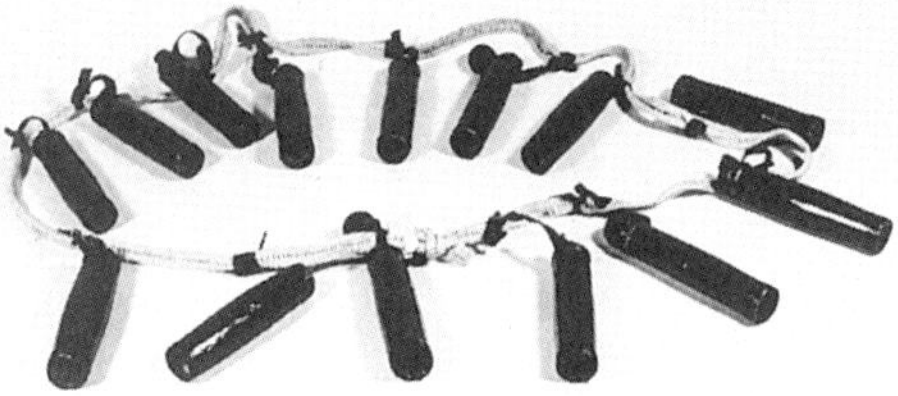

たすき早盒

綿《わた》をくるんだ栓で蓋をする。蓋はとりはずした場合の要慎に、鹿皮細紐で早盒筒外面にとりつけてある。

早盒には二種の別があり、一個つつ、数個を胴乱《どうらん》（腰つけの小革鞄《かばん》）に入れて携行するものと、襷《たすき》早盒と呼ばれる、数個を紐やベルトで連結して、左肩から右脇下に懸けて携行するものの二種がある。普通は一連十三個。

早盒の使用法は、銃口を上に、銃身を垂直に近い状態に立てて銃口近くを左手で持ち、早盒を右手でとり、栓を口にくわえて外し、早盒を逆さにして銃口にあてる。

左手の拇指、人差し指、中指で早盒を保ち、薬指と小指で銃口巣口《すぐち》をしっかり握りしめる。

右手で柵杖を持ち、逆さにして銃口にあてた早盒の底、鉛弾丸に、かるかの先端をあてがい、かるかを早盒の筒中と銃腔内に強く突きこめば、銃身内の薬持ち

（薬室）に焔硝が納まり、その上部に弾丸一発が乗った形で装塡される。

ついで早盒を上方に、柵杖から抜きとり、銃腔にささったままの柵杖を右手で数回強く突き、弾丸を焔硝にわずかに埋めこんで、柵杖を銃身から引き抜く。

この操作で、銃腔内の爆圧を強めて、弾丸を前方に射出することができる。

第二の操作は、火皿に口薬を盛り、火縄を装着することで、早盒を使っての装塡を終わる。

この方法で装塡すると、十五秒以内を要する。

次に記述する第三の装塡方法は、射手一名に、三人の薬込役《くすりごめやく》がつく、鉄砲構え（鉄砲陣地）の中で行う装塡方法で、便宜上、その方法を、「分業三人組弾丸《たま》込め法」と名づけておく。

この、「分業三人組弾丸込め法」を日本国内で使用して、鉄砲集団の威力を発揮したのが、紀州雑賀《さいか》の鈴木孫市の鉄砲衆である。

この装塡方法は、筆者の推理によれば、オランダやイスパニアの海賊の海戦に使われ、倭寇《わこう》（八幡船《ばはんぶね》水軍）を経て、瀬戸内水軍に伝わり、雑賀鉄砲衆に定着した方法であろうと思っている。

軍船の舷《げん》側に備えた「身がくし」（牆壁《しょうへき》や楯）の陰に、鉄砲射撃の達人一名が射手として、身がくしの銃眼（城や砦にあっては鉄砲狭間《てっぽうざま》という）に接して立つ。

他の薬込め役三名は、射手の左横に、真うしろに、右横に、背中合せで小円陣をつくって立つ。

射手の左横の者は銃口から盒薬と弾丸を、早盒を使ってこめるだけ。真うしろの者は火皿に口薬を盛り、火蓋をかぶせるだけ。

分業三人組弾丸込め法の実験

射手の右横の者は点火した火縄を火縄ばさみにとりつけるだけ。

受けとった射手は、敵を引きつけて狙い、火蓋を切り（開き）、引鉄を落として発射する。

万一不発の場合は、火縄の状態の悪いのがほとんどの場合の原因なので、射手がとりつけ直せば何の危険もない。

この装塡方法は、四挺の鉄砲が、常に休むことなく左へ左へと移動して、装塡と発射ができる。四人とも場所を移動することなく、わずかに両手腕を動かすだけである。体を動かさないので、疲労することが少ない。

その上、銃の移動が早くても、敵が間近に迫ってきても慌《あわ》てて自分の操作をまちがえることがない。常に同じ動作のくりかえしであるからである。

この第三の装填は、五秒以内である。

以上、記述した三つの装填方法の所要時間を比較すると、次の通りである。

第一の方法は、二十秒近くを要する。

第二の方法は、十三秒から十五秒で射てる。

第三の方法は、四秒から五秒間隔で射てる。

兵器・武器の新しい使い方を、実戦で使用すれば、それが優秀なものであればあるほど敵方に看破され、研究され、模倣《まね》されて、驚くべき早さで各地の武士や軍団に普及されていくものである。

殊に、鈴木孫市の雑賀鉄砲衆は、傭兵《ようへい》として、各地の戦乱にやとわれて参戦し、鉄砲集団の派手な威力を宣伝しているので、この「分業三人組弾丸込め法」は、単独で行う場合の早盒の使用を含めて、鉄砲衆の間では、早くから使われていたと推理している。

三人込めは、装填時間はたしかに速く、間違いや失敗もなく、不発の場合も危険がなく、疲労《つかれ》もまことに少なく、射手はともかく（射手は銃眼のまうしろに位置する）、薬込め役の三人は身がくしに護られていて、何の危険もない。

しかし欠点としては、点火してある切り火縄を数多く火縄掛けに挟《はさ》み、身近におくか、携行するかしなければならず、時折、切り火縄をとりかえ点火しておかねばならぬ。

その他の欠点としては、前進、後退、移動ができ難いことである。

射手と薬込め役の四人が、背中合せに円陣をつくっている隊形なので、移動困難であるし、四人がかたまり集っているので、敵の射撃目標になりやすい。したがって、この装塡方法は、あくまで防禦専門の方法で、前進しながらの攻撃用には使えない。

当然、以上の理由から、設楽原合戦では、攻撃する側の武田軍は、第二の射手自身が早盒を使う装塡方法を使用し、防禦陣地内の織田・徳川連合軍は、第三の「分業三人組弾丸込め法」を使ったと、筆者は推理する。

この方法は、江戸時代の諸藩に、ひろく伝承されている。

一例としては、雑賀に最も近い、紀州徳川家の鉄砲組の軍制中に、二百名の薬込役組の制が存在し、伊賀《いが》出身の下級武士ばかりで編成されていた。

八代将軍吉宗《よしむね》が採用した隠密《おんみつ》である御庭番《おにわばん》十八家は、すべて、元紀州徳川家の薬込役組の家系の者である。

鉄砲を熟知せずに設楽原合戦は語れない

銃撃戦についての論説の根本は、まずもって火縄鉄砲を熟知し、その操法をよく知らなくては、歴史の真実はつかめない。

そして多勢の火縄鉄砲隊の指導指揮の体験者でなくては、銃撃戦は語れない。長篠、設楽原神話の、誤った定説は、火縄鉄砲に関する無知から発生した空想と虚構が、すべてを支配した感がある。

虚構の定説に書かれている、武田軍の常識では考えられぬ数々の不可解な行動の謎は、火縄鉄砲のすべてを知りつくし、その長所と短所を検討すれば、すべての謎は解けるのである。

火縄鉄砲の長所である発射時のすさまじい轟音は、敵の人馬を驚かせる。ほとばしる火焔の噴射と風圧と火薬の残滓《ざんし》は、近距離の敵の人馬を恐怖させ狂奔《きょうほん》させる。身がくしに隠れれば、敵弾や刀槍から身を護りながら、銃眼（鉄砲狭間《ざま》）から、敵を狙い射ちできる。

銃撃は、一発必中の至近距離まで、敵を引きつけて射つ。必ず即死か致命傷を与える。

火縄鉄砲の短所といえば、鉄砲と弾丸の重いことである。そのため移動による疲労ははなはだしく、移動による命中精度の低下もはなはだしい。

装塡に手間どることも短所の一つである。

一人での弾丸込めには、早盒を使って行っても、十五秒近くの時間を要する。

遠くの敵を狙って外れた場合には、装塡中に敵が斬りこみ突入してくる危険があるので、必中の至急距離まで引きつけて射つ。

火縄鉄砲の装塡を走りながら、歩きながら行うことは困難である。騎乗の場合も同様で、走りながら、歩きながら、弾丸込めはできない。

豪雨や驟雨《しゅうう》の場合は、犬皮製や鉄板製の、「雨覆《あまおお》い」と呼ばれる小道具を使用すれば、ある程度、装塡発射できるが、長時間は無理である。

烈風・向い風の場合、火皿の口薬に着火燃焼の際、火焔が射手の顔に吹きつけるので、狙いにくい。

十発以上射撃すると、銃腔内に、焔硝の爆発時に生ずる硫黄《いおう》化合物が、べっとりとこびりつき、弾丸の通りがわるくなる。

その場合は、油や水をつけた紙玉を鉛弾丸の上につめて射撃して銃腔内をぬぐう（クリーン・ショットと呼ぶ）。または、柵杖の先端近くの小穴に通した小布片に油を染みこませてぬぐいとるか、銃身をはずし、尾栓を外して水洗いし、湿気をとって、装塡する。地面が泥濘状態の戦場では、

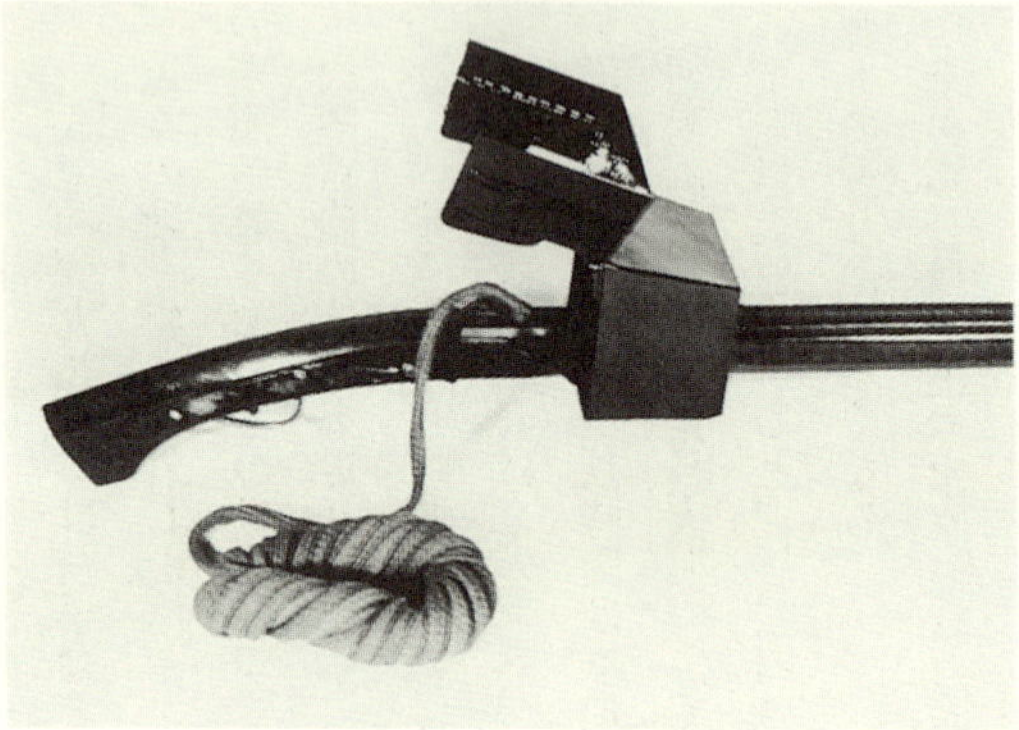

雨覆い（犬皮製、漆掛け）

火縄鉄砲は、まことに使いにくい。機関部（火皿、火蓋、火縄はさみ、引鉄）が泥でよごれたり、銃腔に泥濘が入れば、水洗いしなければ使えない。

泥濘中では分解掃除は不可能である。

そして、火縄鉄砲の発射音と生ずる砲煙の物凄さは何人も胆《きも》をひやすほどであった。

その轟音と砲煙に関する記述は、設楽原合戦の定説中に一行も見出すことがない。

日本国内ではじめて体験した大がかりな銃撃戦で、予想もしなかった物凄い轟音と砲煙によって生じた事実が、設楽原合戦の二つの重大な謎であり、その原因は音と煙である。

武田軍武将たちの戦死と、武田軍が次々に死地に突入した歴史事実を解明する。

この謎解きは詳しく後述する。

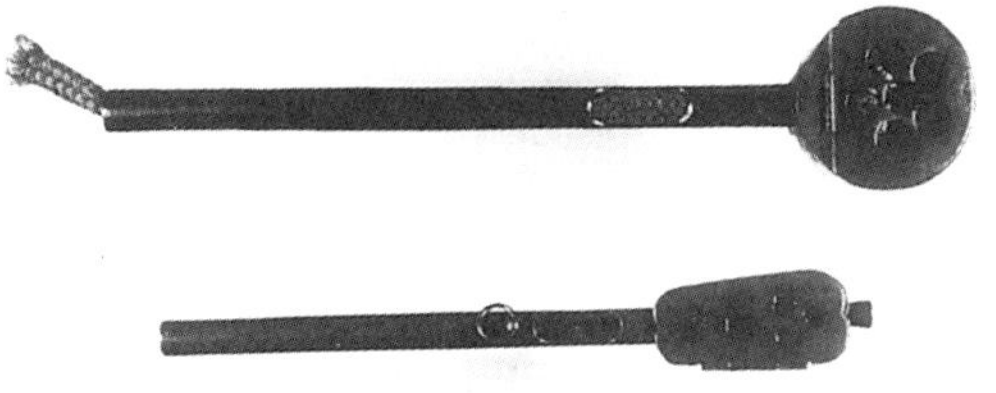

胴の火

次は火縄と火縄掛けと胴の火について記述する。火縄の燃える時間と、先端が燃えて灰がついていく時間が、鉄砲の発射に重大な関係があるからである。

紺色に染めた軍陣用の木綿火縄は、製作の課程で、火先が開かぬよう、尖った状態になるよう、木綿組紐を五倍子粉《ぶしのこ》の水溶液に漬けこみ、硝石液で煮てつくる。

雨の中でも火持ちがよく、立ち消えしないための用心である。

火縄の燃焼時間は、空気中の湿度や乾燥や風の強弱で、微妙に変っていく。

無風状態の中で、おおよそ、二十五分間に十センチ程度燃えて灰になっていく。

火縄ばさみに点火した火縄をとりつけて待ち、三分近く時間がたつと、火縄の先は燃えつきて灰になり、口薬の上におとしても、発火しないようになる。

火縄をとりはずし、先端の灰を吹きとばし火の先端が尖った状態にして、火縄ばさみに、口薬の上に直角に落ちる角度にしっかりとはさむ。

敵が真近に迫って来なければ、何度も、火縄の状態を修正しなければならない。

火縄は適当な長さに切って点火し、火縄掛けに数本とりつけて燃やしておく切火縄と、長尺の火縄一巻きの先端に点火して左手首に掛けて射つ巻火縄の二種類がある。

火打道具で発火させる不便は、胴の火とよぶ火種子《ひだね》を携行できる小道具を使用する。

三段射ちは実戦には使えない

虚構の定説である、長篠神話のほとんどが、武田騎馬軍団の怒濤のような波状的突撃を、馬防柵ではばみ、鉄砲隊の三段移動射ちで殲滅《せんめつ》した……と記述している。

そして、馬防柵と三段射ちは、織田信長の工夫のように書いたものが多い。

この記述はすべて間違いであり、机上論で組みたてられた虚構である。

武田騎馬軍団の存在が虚構であり、設楽原で騎馬集団の突撃のあったことも虚構であることは、前述のごとく、ご理解いただけたと思う。

この項では、三段射ちそのものが、実戦では使えない机上論の産物であることを実証したい。

三段射ちの方法を記述した虚構は、二種類見られる。

まず第一の射法は、一列目、二列目、三列目と、三段横隊に並び、その列、その場を移動しないで、一列、二列、三列の順に射ち、その場で装塡してまつ。三列目が射てば、また、一列目が射つ……という繰りかえしで装塡時間を十五秒に保つ、というもの。

これは一見大変に合理的な射法と素人は思うが、発射時に焼けただれた焰硝の残滓が、前方四、五メートルに爆風をともなって飛び散るので、前の方に居る者はたまったものではない。いかに傾斜地であっても、低い姿勢で装塡していても、背後から実弾が飛んでくる恐怖は、いたたまれない恐怖感である。

その上、不発銃が出た場合を考えると、死の恐怖と焦燥《しょうそう》の敵前で、混乱が起こらぬはずがない。火縄鉄砲隊では、この三段射ちはできない。

第二の三段射ち射法は、一列目の一斉射撃が終わると、一列中の中央から右向け右と左向け左と向きをかえ、右方向に走る者と、左方向に走る者の二組に分かれる。

一列目の空いた場所には、二列目の者が前方に移動して一列目をうめて、一斉射撃をする。二列目の空いた場所には三列目の者が前方に移動して二列目をうめる。

三列目の空いた場所には、一列目の者が、左右から半数ずつ移動して三列目をうめて、装塡を始める。

これが移動三段射ちである。二列目と三列目は移動しない間は装塡にあたっている。

一列目の者が三列目に移動するのに、列の中央から左右に分かれて、三列目に入っていくのは、二列目、三列目の者の移動と衝突しないように、外を大きく迂回するのである。

二列目、三列目の鉄砲は装塡ずみであり、火縄にも点火してあるので、万一、鉄砲にふれると暴発する危険が生ずるからである。

この移動三段射ちに要する時間は、移動の時間と装塡時間を加えたもので大体十秒あまりと十五秒を加えた二十五秒から三十秒であろう。この移動三段射ちを実験してみると、移動による疲労がはなはだしく、呼吸が荒くなり命中精度が低下する。

敵がいようといまいと常に一斉射撃をしなければ、三段射ちはばらばらになり混乱する。

不発銃が出た場合はどうするか、判断が困難である。

鉄砲隊員の移動が、はなはだしく疲労するのは、重量のある鉄砲と鉛玉、盒薬入れか早盒、口薬入れ、替《かえ》かるか、目針抜き（あるいは尾栓廻し）、火縄、胴の火（火打道具）などの小道具を携行しなければならないし、鉄砲隊は敵の鉄砲隊の狙撃目標となるため、鉄陣笠や、鉄の具足を着なければならない。

刀や水筒や携行食も含めると、驚くほどの重装備になるからである。

この移動三段射ち射法を一斉射撃で実験してみると、一、二、三列が三度入れ替わり、つまり全部で九度（九発）射撃しただけで、全員息を切らし、へとへとに疲労し、ギブアップしてしまった。

これでは、怒濤の如く突入してくる武田軍を八時間も喰いとめられるはずがない。

そのうえ、この三段射法の最大の欠点は、射撃のたびにその列の全員が一斉射撃をしなければ、移動も装塡もばらばらになってしまい混乱が生じることである。

ところが実際には、おあつらえ向きに、敵勢がその列の狙撃範囲内に密集して来てくれるとは限らない。

少数の敵が現れても一斉射撃して、無駄弾《だま》丸を放たねばならぬこととなる。もし射たずに装塡し火縄をつ

移動三段討ちの実験

けたまま移動すれば、暴発の危険も多い。

装塡して待ち構えていても、敵が来襲してこなければ、三分以内に全員が火縄を装着し直さねばならぬことも、大変無駄なことである。

以上の理由で、移動三段射ちも、実戦には使用できない、机上の空想論であると断定せざるをえない。

長篠城攻防の銃撃戦

徳川家康が、関ヶ原合戦の際、大津城に立ち寄り、家臣等に語り聞かせた懐旧談の中に、長篠城攻防の銃撃戦に関する面白い談話が出ている。

天正三年（一五七五）五月梅雨季《つゆどき》、徳川方の武将、奥平貞昌《おくだいらさだまさ》軍五百名がたてこもった長篠城を、武田勝頼軍一万五千名が攻撃した。

武田軍は難攻不落といわれていた天険高天神《たかてんじん》城の攻略に成功し、戦意高揚のときであった。この勢いを駆っての出撃であった。

重臣たちの意見は、早急に長篠城を攻めおとせば、遠征の面目は立つし、今なら田植えに間にあうという考えがあった。

元武田の将で、徳川に仕え、家康の娘婿《むすめむこ》である奥平貞昌は武田に憎まれている。城を開けば皆殺しにされるので、あくまで城を死守せねばならぬし、信長にしてみれば、武田を引きとめておき、殲滅《せんめつ》する唯一の機会をのがさぬための餌《えさ》である。

長篠城跡（愛知県新城市長篠）

このような思惑《おもわく》がからみあって、長篠の小城には、精兵五百名と五百挺の鉄砲が備えられていた。全身を針でおおわれた針鼠のような堅固さであった。

攻める武田軍の鉄砲は千五百挺。高天神城攻めに威力を現わした精鋭である。

攻防戦は五月九日にはじまり、はげしい銃撃戦と白兵戦をくりかえしたが、六日間もちこたえた。援軍頼むの密使は二度出している。

そのうち待ちに待った援軍が到着し、武田軍を挟撃する形になったので、武田方は城攻めを断念した。

長篠城の城壁は、武田方の銃弾で穴だらけになり、城内に銃弾がとびこむので、荒むしろを数枚、すだれのように掛けならべ、銃弾の威力を削ぎ防いだ。

武田軍の鉄砲隊は、武田軍の考案といわれる防弾楯の竹束（うしといわれる三角筒型の台座にかけならべ、うしを転がして前進し、竹束の陰にかくれて銃撃する）を押して肉迫してくるので、城方は油をそそぎかけ、点火した松明《たいまつ》を投げて、竹束を焼きはらうと、武田方は竹束に泥をつけて燃えるのを防いだ。

長篠城は切り立った断崖上に築かれ、低地の武田軍は、釣り井楼《せいろう》を高くあげ、銃手を井楼にひそませて、城内を狙撃させようとする。城方の奥平貞昌は、大口径の名銃を放って釣り井楼を撃破した。

長篠城の攻防戦は、虚々実々、その推移は小説より奇なりというべきである。

城方五百挺、武田方千五百挺の火縄鉄砲による凄絶な銃撃戦は、後の世までの語り草となるほど、すさまじいものであった。

しかし一対三の兵力と鉄砲でも、城は落城しなかった。

城攻めが、いかに難かしいものであったか証明される。

長篠城が、よく持ちこたえて落城しなかったことの意義は重大である。

もしも長篠城が落城していたなら、農民兵で編成されている武田軍は、田植えのために急いで撤収《てっしゅう》したであろう。

　世評に対する遠征の成果は、長篠城を落城させたことで、目的を達したとしたであろう。

　もしそうなれば、設楽原の決戦は行われなかったことになる。

　この長篠城攻防戦の史実によれば、次なる設楽原合戦における虚構の定説の一つが崩《くず》れることになる。

　長篠城攻めに語りのこされた、武田軍の火縄鉄砲が、設楽原合戦の虚構の定説の中では、ただの一行も書かれていないのはなぜであろうか？

　筆者の想像によれば、武田の騎馬軍団に対し、織田・徳川連合軍の火縄鉄砲隊としたほうが、軍談としては派手で、対比の妙も面白いという単純な理由から、創作された虚構の定説であろう。

　長篠城攻めを武田軍が断念したのは五月十四日、その七日後に、設楽原の決戦が行われている。

　設楽原合戦は両軍とも存亡を賭けた、乾坤一擲《けんこんいってき》の決戦である。

　武田軍が、この一戦に、最強の攻撃兵器である、千五百挺の火縄鉄砲を投入しないはずがない。

　筆者の推理によれば、千五百挺の鉄砲は全部、設楽原戦に投入されたと思う。

　しかし武田方の鉄砲隊は、泥濘の設楽原中の進撃と、身がくしの中にひそみかくれて姿を見せず、銃眼から発砲してくる敵になすすべもなく、狙撃の的となった。

諸手抜き鉄砲隊についての考察

設楽原合戦に織田・徳川連合軍が投入した火縄鉄砲の数量についての記述はまちまちで、千挺から三千挺と記録されている。

今となっては、実証的推理によるしか判定の方法はない。

後述するが、筆者は、三千挺が正しいのではないかと思っている。

織田信長は、設楽原の決戦で、武田軍をことごとく討ち取ると、はじめから予測してこの決戦にのぞんでいることは、その言動や吟詠によって、はっきりしている（後述）。

当時、天下無敵と称され、恐怖の的であった甲州武田軍団を殲滅するには、圧倒的な数量の火器（鉄砲）を準備し、武田軍に侵入されぬよう、武田軍の銃弾から身を護れるような防備をし、恐怖から逃亡できぬような設備と監視が必要であることを、信長は考えていたと推理するのである。

五月二十日の夜八時頃、織田・徳川連合軍は、鳶ケ巣文殊山《とびがすもんじゅやま》城を夜襲するための迂回部隊四千名を出発させている。その時、信長は、五百挺の火縄鉄砲を、迂回部隊に与えている。武田軍一万三千名以上の八時間にわたる波状攻撃を喰いとめ殲滅させる武備として、千挺という数量は、あまりにも貧弱であって、常識としても考えられない数量である。

武田軍の千五百挺に対抗する、圧倒的な火力と考えれば三千挺という記録が正しいと考えられる。その根拠は次の通りである。

織田・徳川連合軍の構築した野戦築城ともいうべき守備陣地は、南は川路村の連子橋から、北は森長・浜田まで二十四町の距離である。

後述する信長方の鉄砲構えの項で詳細に説明するが、一間（四メートル弱）に三名の射手を配置すると二十四町の間には、射手二千百六十名を要する。薬込め役を使う早射ちの場合を考えると、三千挺の鉄砲から、二千百六十挺を除いた八百四十挺が、薬込め役の携帯する鉄砲である。分業三人組弾丸込め法（四秒に一発発射）の場合、二百八十組の薬込め役が、敵の攻撃地点に重点的に配置されるように、牆壁内に待機して、移動命令を待っている。

武田軍の攻撃は、全軍の一斉突撃ではなく（その理由は後述する）、各部隊武将単位の波状攻撃なので、敵の攻撃面だけ、薬込め役が駆け集まり、装塡を手伝う。

前面の敵を潰滅させれば、銃眼の射手一名は監視にのこり、薬込め役は牆壁内の旧位置にもどり、火縄、焰硝を整備して待機するのである。

以上の方法で、三千挺の鉄砲を二つに分けて、約半数の鉄砲と射撃の熟練者をもって、二十四町間、二千百六十個の銃眼を死守させ、のこりの鉄砲と人員を、分業三人組弾丸込め役として、

牆壁内を移動する薬込め役組

敵の攻撃地点に重点的に移動配置することによって、各銃眼の発射時間を五秒以内に早め、三千挺の鉄砲と人員を有効適切に活用するという、日本国内でははじめて行われた、画期的な鉄砲戦術といえるものであった。

それを実行するには、二十四町の鉄砲構えでは、三千挺の鉄砲が、どうしても必要欠くべからざる数量であった。

鳶ヶ巣文殊山城奇襲の迂回部隊に、信長が持筒（信長の身辺と旗本を護るための火器）五百挺を与えたのは、信長に必勝の確信があり、必要な三千挺が確保されていたからであろう。

そしてまた、迂回夜襲には膠着《こうちゃく》した戦況を打開し、武田軍を背後から追い出し、陣地前におびき寄せるという、大きな狙いと期待があったからであろう。

それにしても、三千挺の鉄砲と玉薬と火縄、そして熟練した射手を、一つの戦場に投入した史実は、かつて無かった。

ここで浮上するのが、諸手抜き鉄砲という史実である。

織田・徳川連合軍の鉄砲隊三千挺の中には少なからず、諸手抜き鉄砲が含まれている。

今となっては、その実数を調べ出す古文書などの史料はなく、記録も極めて少ないので、はっきりした数量はわからない。

信長は設楽原の野戦築城、二十四町の間に、銃眼を死守する銃と、分業三人組薬込め法用の銃として、合計三千挺の鉄砲と人員が、どうしても必要であった。

信長は部下の大名・小名の諸将に手紙（とはいえ、これは命令書の性格をもつ絶対のものであったであろう）を送って、手持ちの火縄鉄砲と射手を提出せよ、玉薬を添えることを忘れるな……という書簡《しょかん》を送っている。身分禄高に応じて、低い将には五十挺、高い将には百挺、二百挺と、無心をいって、鉄砲隊の充実を試みている。

筆者の推理では、信長の威光に気圧《けお》されて、三千挺の中の千挺くらいは集まったものと推理している。

ところで筆者は、諸手抜き鉄砲、つまり、あちこちの部隊から引き抜いて集めた、寄せ集めの烏合《うごう》の衆……というように理解していた。しかしそれは全く間違いであることに気づいたのである。

結論から言えば、織田・徳川連合軍の鉄砲隊はもちろん諸手抜き鉄砲を含めて、よく戦っている。波状攻撃ではあっても、八時間にわたる、執拗《しつよう》な、すさまじい攻撃を喰いとめた功績はみとめられるべきである。

身がくしの中にとじこめ、敵前逃亡を防ぐ督戦目的の指揮者がいても、鉄砲という武器を携行する鉄砲隊は、逃亡も投降もできないことではない。

しかし鉄砲隊から逃亡兵や投降兵が出たという記録はないし、史実でもなかったと思う。

なぜ、牆壁内の鉄砲隊が善戦できたか？　というと、その理由はいろいろ考えられる。

第一は、武田軍の銃弾から完全に護られ、武田軍の侵入は不可能であるという安心感を持てたからであろう。

第二は、六天の魔王と恐れられた後の信長の性癖《せいへき》から察して、その要請で差し出した鉄砲隊が、信長の気に入らなかった場合の報復は恐ろしい結果を生むであろうことが、充分に察せられる。

諸将は、鉄砲と銃手を選抜するとき、優秀な鉄砲と射手を選びすぐって、さながら、代表選手を送り出すような意味で提供したのであろうと推理する。

諸手抜き鉄砲は、おそらく優秀な鉄砲隊であって、織田・徳川連合軍の有力な戦力となり、勝利をもたらしたのであろう。

第2章 馬防柵神話の崩壊

長篠合戦図屏風は参考資料といえるか

元来、屏風に合戦図を描く場合には、場所、時間、情況のすべてを一枚の屏風の中に含めたいので、多少の矛盾《むじゅん》も許される……という約束事が存在している。

その点を除外しても、長篠合戦図屏風は、歴史資料として、よい参考になるとは言えない。

この屏風絵中、最も目立つのは馬防柵であるが、この柵が、さまになっていない。

下枝を残したままの自然木を描くべきところを、まるで製材したような美しい丸太棒を描いているし、柵の長さ（幅）が短く、二間以内の長さで切れ切れに立てられている。

しかも根本《ねもと》を土に埋めた線は横一文字（一列）にならべてある。このような埋めかたでは前に引かれても、後方に押しても倒れやすい。二列または三列に、ジグザグに埋め、その間に横の棒を渡して縛り固めるのが、当時の柵の作り方である。

『三州長篠合戦記』（阿部本）によれば、柵は二十四町の間に、一重、ある場所は二重、場所により三重に構築されたように受けとれるし、出入口（虎口《こぐち》）は、三十間か五十間に一箇所と記録してある。

敵の侵入を防ぐためのものであるから、短い柵を切れ切れに構築しても役に立たぬ。

一 長篠
二 長篠
三 長篠

長篠合戦図屏風（長浜市長浜城歴史博物館蔵）

織田・徳川軍の鉄砲組、弓組が、柵の前に出て発砲しているところが描かれているのも、まことにおかしい。

実際には、急に柵内に逃げ込むことができない。前述のように虎口は三十間か五十間に一つしかないし、出入り口の幅は一間（二メートル弱）くらいのものであると推理されるので、武装兵が通るには、小人数ずつで時間がかかるので、出入りはしなかったであろう。

追撃戦に移行してからは、あるいは柵を押し倒し、乾き堀に投げこみ、味方の行動を容易にしたかもしれない。

前述の『三州長篠合戦記』には、織田・徳川軍の構築陣地は、二重、三重の乾き堀と柵と、土居《どい》（身がくし）と記録してあるし、他の古文書、資料によれば、馬防柵だけの陣地ではなくて、乾堀《かわきぼり》と土居の三段構えのものを何重にも構築した、さながら城のような、堅固な鉄砲陣地（鉄砲構え）であったことがわかる。屛風には柵以外の防禦物は何も描いてない。

当時の武田軍は、印地打（投石兵）、金掘り衆（敵陣地破壊工作兵、つまり工兵隊）、次に竹束とうし（竹束を立てならべるための三角わく）などの仕寄具《しより》と鉄砲組、弓組、次に長槍組。戦いなかばで、敵陣が乱れ破れかけると、騎馬武者が駆け入って敵陣を潰滅させるという戦法が、常套《じょうとう》手段であった。

しかも武田軍は甲州流兵学軍法で、整然とした隊形で、一糸乱れぬ行動をとり、屛風に描かれたような、雑然とした烏合《うごう》の衆ではないのである。

屛風絵中には、武田軍は全戦線にわたって、あちこちから、一斉に突撃しているように描かれている。が、これはまったく間違いである。前述したように屛風絵では、数時間の推移を一場面に納めるために許された、約束事の手法であるから致し方ないが、真実は、各部隊をひきいる武将の判断により、遂次投入され、波状攻撃のような状態になったことが、『信長公記』その他に、はっきりと記録されていて、全軍一斉に馬防柵に突撃したのでは決してない。

武田軍の鉄砲組が描かれていないのはなぜであろうか？

屛風絵中に、武田軍兵士の倒れている前の地上に火縄鉄砲一挺が横たわっているだけで、他に鉄砲らしきものはまったく描かれていない。

設楽原は当時は水田が多く、五月二十一日（現在の七月九日）頃は田植も終わり、ことに前日までの連日の雨降りで、水田には水が満々とたたえられていたはずであるのに、水田がまったく描かれていない。

織田・徳川軍陣地前に描かれている連吾《れんご》川は、当時は増水状態で川幅は四間近く（七〜八メートル）あったはずである。ところが屛風絵では、跳びこせる程度の細い流れである。

武者の軍装はよいが、鉄砲隊の具足は立派すぎる。雑兵用のお貸し具足か、陣笠に羽織だけの軽装ではなかろうか。

長篠城中から河岸にかけ渡した橋が描いてあるが、橋などの出入口は無かった。

屏風絵で致し方ないが、長篠城と鳶ヶ巣城の位置関係はおかしい。

信長と勝頼を戦場をはさんで正面に向き合わせて描いたことや、時刻を無視して、武将達の最後を描いたことなど、劇的な要素を盛りあげた手腕は、戦国のロマンを高らかに咏《うた》いあげた屏風絵中、屈指のものとたたえるべきであろうが、資料にはいかがかと思う。

見せかけだけの馬防柵

織田・徳川連合軍の設楽原集結の実状を推理してみると、種々な悪条件が重なり、予定より遅れが出たようである。

何しろ五万人もの大軍が狭い道路にあふれ、大荷駄・小荷駄の荷車、牛・馬が混雑し、時折襲ってくる俄雨《にわかあめ》、晴れれば、むせかえるようなむし暑さに苦しんだであろう。

当時の軍勢の行軍は、斥候《せっこう》と輸送監視隊だけは任務上、武装（具足着用、武器携行）して行軍するが、将兵は旅仕度の軽装で行列する。戦場の近く、一里ほど手前で大休止をとり、ここで具足を着、武器を携帯する。ここで必要ありと見れば、鉄砲隊は火縄に点火した鉄砲を左肩にかついで行軍する。

具足を着、武器を担いで行軍し、二日も三日も進めば、将士は疲れ果てて、戦場に着けば病気になるか、倒れるのである。

武田軍が長篠城攻めに来た場合も、もちろん平服の旅仕度で行軍している。というよりほとんど裸に近い格好であったのではなかろうか。暑気はなはだしく、苦しんだ将士は軽装して行軍し、内金（当時の地名、長篠の手前一里ほどの平地）で一時軍をとどめ、ここで具足を着た。今は甲田《よろいだ》という地名になり、この伝承を記した口碑が立っている。

五月二十日夜（決戦前日）の鳶ヶ巣城夜襲攻撃のときも、豊川の浅瀬をわたった織田・徳川軍は、松山観音堂で、皆具足を脱ぎ、背に負い、松山越えの間道にいどみ、夜明け頃、菅沼山《すがぬまやま》頂上に辿りつき、敵陣が近いのでここで皆、具足を着用したという。

ここで問題となることは、織田軍が、馬防柵用の一間長さの丸太棒と縄一筋を、兵士が担いで岐阜を出発したという記述があることで、また、徳川軍は柵木は現地で伐採して使ったので岡崎からもって行かなかったという記述も存在することである。

小枝をのこした木柵

鳳来町立（現在は新城市立）長篠城趾史跡保存館の館長であった故・丸山彭《ほう》先生の著述中に、馬防柵の丸太棒と横木の数を推定された箇所がある。

そこには、一万七千本の二間（四メートル弱）の丸太棒とある。岐阜から担いで運べば、疲労で戦力に影響するのではなかろうか。

もし丸太運搬が真実であったとするならば、これは武田方のスパイに、武田の騎馬武者を恐れて馬防柵を作ります……という、ジェスチャーであり、真実に見せるための演出ではなかったか、と筆者は思っている。

実際は柵用丸太は現地調達で、山から伐《き》り出した下枝つきのものを使用したに相違ない。

なぜかというと、枝を払ってない一間の丸太は担いで運ぶには、まことに厄介《やっかい》な代物《しろもの》であるし、馬防柵にする場合は下枝付きでないと、人馬の脚を払うのに役立たない。

丸太棒、人力運搬の演出と、馬防柵の構築は偽計であり、馬防柵は武田軍を引き寄せる囮《おとり》であったことを裏書きするのではないか。

牧野文斉先生の馬防柵考

『牧野文斉遺稿、設楽原戦史考』は、「設楽原をまもる会資料」第二集として出版された、貴重な研究書である。

昭和初期にこれほどの見識をもたれた研究家が地元に居住せられ、古文献の蒐集と研究を続けておられたことに驚嘆するばかりである。

そして、戦史研究家や歴史家や学者諸先生方が、なぜこの研究をとりあげなかったかと、残念に思う。

もし牧野先生の研究が、中央の史家にとりあげられたならば、現在の誤った長篠神話は、ずいぶんその内容が変わっていただろうと思う。

私自身、一〇〇パーセント、牧野説に……とは言えないが、その内容の一コマ一コマに、大変勉強させられ、啓発されたものである。

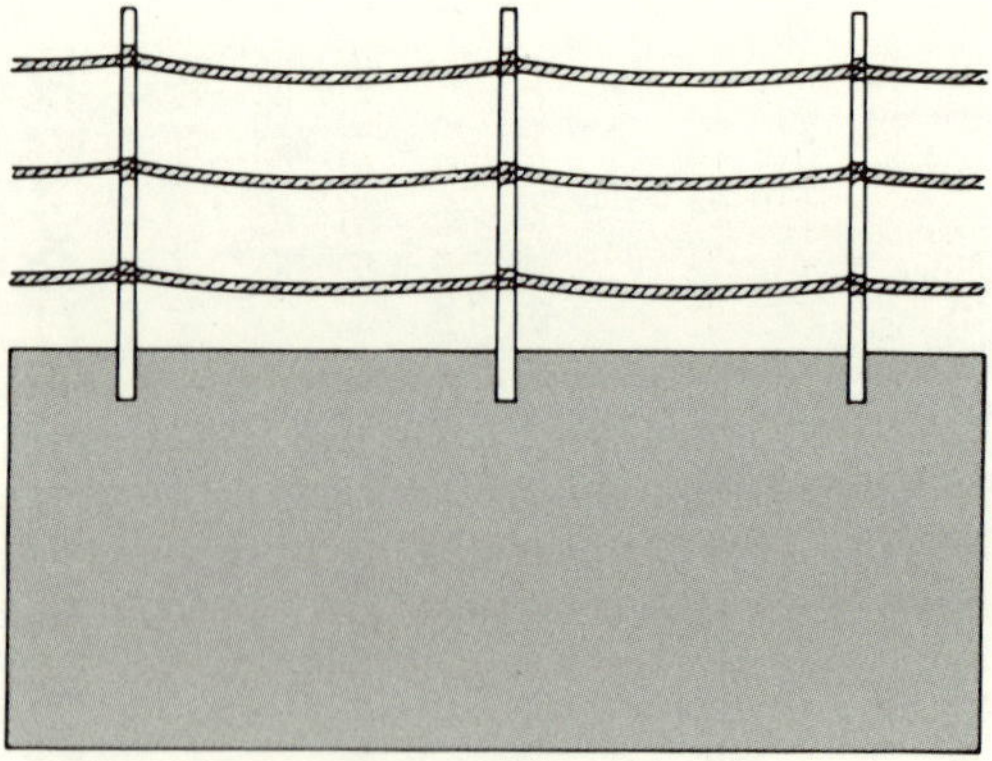

索条網（『牧野文斉遺稿、設楽原戦史考』より）

その中でも、世上喧伝される、設楽原の馬防柵についての牧野説は、大変おもしろく有益な伝承であると思うので、同書の二〇六頁、第九章、「西軍策戦と用間」中の「索条網《さくじょうもう》」の意義の一部を転載させていただきたいと思う。すなわち二〇七頁の終り二行から、以下、『牧野文斉遺稿、設楽原戦史考』より。

「建柵は敵前に暴露すべきものにして、かへって敵に示す目的なりしなり。
すなわち、
一、甲軍は騎馬に長ぜるをもって、その突撃を防ぐ事。
二、怯弱を示して、敵を誘致する事。
右二大戦略のため架設せられたるものにして、旧史住々尺の木を記せるも何の意たるを知らず。けだし周囲一尺の丸太程の意に外ならざるべし。
又古画など今に存在せるものを見れば、あたかも人家の外柵に見るごとき、人の自由に通過し得ざる厳重なる貫通柵《ぬきとうしさく》のやうに描いてあるが、古老の伝説によれば、実際さほど、堅牢《けんろう》なるものでなく、長さ二間の丸太木を、二間おき位に並《なら》べ立て、これに縄を三段に架け渡したるのみにして、三段柵の名ある、これがためなり。

この柵一重なるを一重柵といひ、三重なるを三重柵といふ。なかんづく三重柵は南連吾を起点とし、柳田川を前にし右岸に沿《そ》ひ、北は雁峰山麓森長を終点とす（浜田と称するは誤り）。

又一重柵は南樋橋を起点とし、北は八剣山に至るまでなり。虎落《もがり》口と称する出入口は、敵兵の突貫ができぬやう仕組まれ、何の事はない、今の鉄条網を真直《まっすぐ》に立てたるような構造であったとの事であるが故に、著者はこれを『索条網《さくじょうもう》』と名付く。（中略）

要するに索条網も、用間の一策なり。」

以上原本のままの転載である。

牧野文斉先生は、馬防柵という言葉は全然使用してはおられず、索条網と称しておられる。そしてこれを、古老の伝承と書きのこしておられる。

私の研究では、極めてありふれた木柵であって、牧野説と同じく、敵の武田軍に見せるためと、柵前に誘致するためだけの、脆弱《せいじゃく》なものであって、多人数で力を合わせて押し倒せば、簡単に押し倒せる程度のものであったと思っている。

また、武田軍陣地前にも、同じ程度の木柵が架せられていたと思う。

陣地、殊に本陣前には、柵を建てることは当時の常識であって、なんら珍しいことではなかったのである。

これを信長のすぐれた発想のように言うのは、まったく間違いである。

また、馬防柵という呼称はなかった。

泥濘の設楽原に、馬を入れることが不可能であることは、当の武田軍も、織田・徳川軍も、当初から当然わかっていたはずであるから、柵の架設は、はじめから謀略の道具と見なしていたに相違ない。

柵は武田軍を銃眼の正面におびき寄せるための囮《おとり》であった。

『信長公記』と『三州長篠合戦記』

太田牛一著述の『信長公記』中の、「三州長篠御合戦の事」は、要領よくまとめられた戦記である。

鳶ヶ巣文殊山城奇襲の終わった時刻と、織田・徳川方の鉄砲隊を過少に記述していることと、その他若干の誤りは認められるが、大略信じてよい記述であると思う。

「今度間近く寄り合い候事、天の与うる所に候間、悉く討ち果たさるべきの旨《むね》、信長御案を廻らせられ、御身方一人も破損せず候様に、御賢意を加へらる」

また、「人数を備え候。身がくしとして、鉄砲にて待ち請《う》け、うたせられ候へば、過半数打ち倒され、無人になりて引き退く」

また、「かくの如く、御敵入れ替え候へども、御人数一首《かしら》も御出でなく、鉄砲ばかり相加へ、足軽にて会釈《えしゃく》、ねり倒され、人数をうたせ、引き入る、なり」（以上、傍点筆者）第一の引用には、戦いの前から信長に満々たる勝利の自信のあったことを記述している。

第二の引用には、身がくし（牆壁、土塁）の中に鉄砲隊を伏せたことが記述してあり、第三の引用には、織田・徳川軍は誰一人、身がくしの陣地から出て行かず、鉄砲足軽だけで応戦し、打ち倒したことを記述している。

長篠・設楽原合戦に関する、良質な資料をさがし求めていたが、古文献のほとんどが、すでに虚構の定説の種子《たね》本となったものが多く、納得できる新事実を記載したものは、なかなか発見できなかった。

歴史事実は、地元の当事者の体験と伝承が最も信用がおける、というのが、筆者の持論である。

合戦当時、設楽原に近い、乗本村の名主であった、阿部四郎兵衛忠政は、織田・徳川軍連合軍に協力し、野戦築城に従い、鳶ヶ巣文殊山城夜襲には、四名の案内者の一人として活躍した。四郎兵衛は、長篠城攻めと設楽原合戦を織田陣営の内部にあって、つぶさに見聞し、体験した民間人（乗本村名主職）として、稀有の人である。有識者で筆跡も文章も見事であって、彼の著述になる、『三州長篠合戦記』は、日記体にくわしく記録された体験記録である。

その記録中には、「織田勢の配備と野戦築城」の項と、次の「徳川勢の配備」の項中に「小川を隔《へだ》て、二十四町の間に、二重三重の乾堀を掘って、土居（牆壁）を築き、五十間、三十間を置いて、虎口《こぐち》を設け、目通り一尺廻りの木を以て柵を付け云々」。また、徳川勢の項には、「御人数十三段に屯《とん》し、各陣前に、乾掘を掘り、土居を築き、柵を構ふる事、織田の陣に同じ」とある（後述）。

このように、他の古文献には発見されない、乾堀、土居の記載が見られる。

また、「佐久間右衛門、滝川左近の隊、柵外に出て敗れる」の頃には、軍令に違反して、柵外に出た佐久間と滝川の両隊が、家康と信長の、早々柵内に引き入るべしという下知を受けたが、武田方の馬場美濃守隊に散々に追い崩されたという戦記が記述されている。

この話などは、他の古文献には全く記載されていない。これによっても、後述する「松楽寺前の九度合戦」が虚構のものと推理できると思う。

乗本村名主で苗字帯刀を許されていた、阿部四郎兵衛忠政の著述になる合戦日記である『三州長篠合戦記』は、筆者にとっては、未知の部分をはっきりと書きのこしてくれた、第一級とも言いたい、得難い古文献であった。

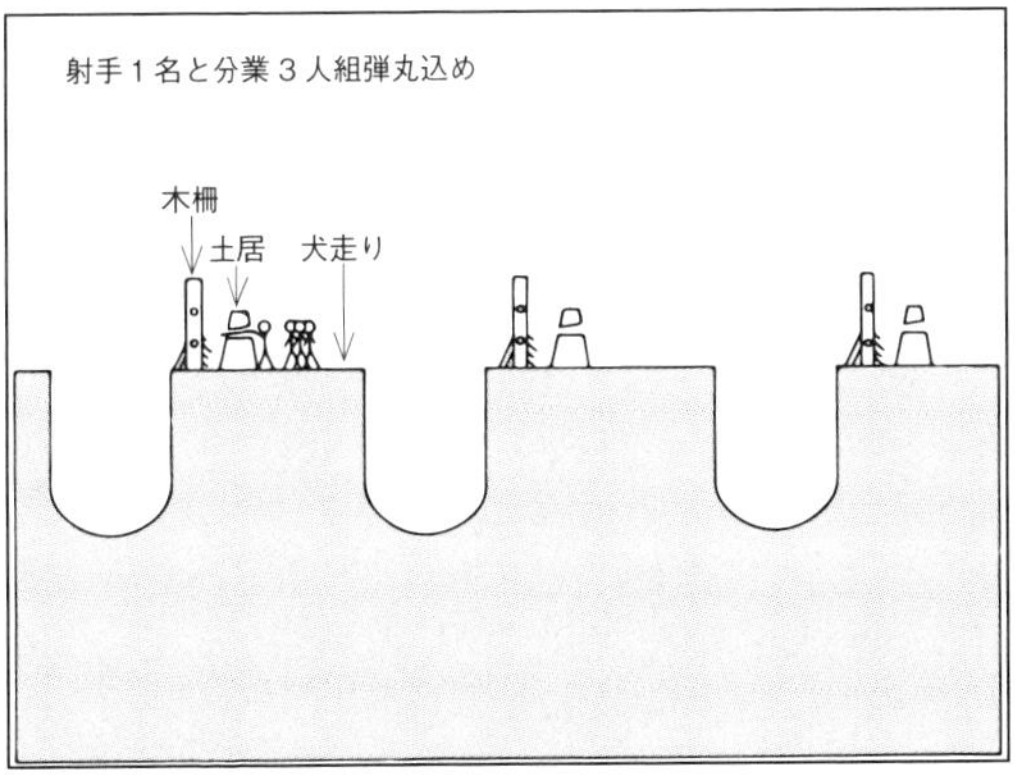

乾掘・木柵・土居（牆壁）の断面図

織田・徳川軍の陣地が、柵をつけただけの体裁だけのものではなく、野戦築城ともいうべき堅固なものであって、『甲陽軍艦』の中で、「さながら城攻めの如くにて」と嘆かせたほどの陣地であったことをはじめて知らされたのであった。

戦場で陣地の前に柵をつけることは、前九年の役や、後三年の役など、平安・鎌倉の時代から必ず行われてきた常識であって、当時の騎射戦では、騎馬の戦士や徒足《かち》の戦士の行動をはばむ目的のものであった。

二段・三段に柵をつけるのも、しばしば行われたことで、織田信長の発案ではない。

しかも『三州長篠合戦記』の記述のように、乾堀・土居・柵を一体とした陣地と、鉄砲隊を組み合わせる戦術となると、日本国内では前例のない、奇想天外な発想である。

この戦術を考案したとすれば、何度も何度も実験して、その効果を確認してからでなくては使えない。

いきなり、乾坤一擲の決戦に、三千挺の鉄砲と五万人の生命を投じて試みるであろうか？

この野戦築城という発想は、先進国であった欧州で使われた戦術に酷似《こくじ》している。

設楽原合戦の時の、織田信長の軍装は、南蛮兜に南蛮胴具足、欧州の騎士さながらの装備で臨んでいる。

信長の周囲には、いつも外国人宣教師が存在し、信長は彼等から、欧州における新しい知識を呼吸することに熱心であった。

武将が最も知りたい新知識といえば、新兵器や築城方法、戦術用兵などに関する欧州の事情であったはずである。

そして外国人宣教師のほとんどが、歴史や軍事にとてもくわしい人達であった。

なぜかというと、外国人宣教師は、極東日本や中国に、バチカンのローマ法王庁から派遣された一種の軍事調査員であり、これを悪しざまに考えれば、一種の軍事スパイのような人もいたかもしれない。

軍事にくわしい人が多かったのも当然のことと推理する。

野戦築城の発想はどこから

長篠・設楽原神話のほとんどが、馬防柵と鉄砲の三段射ちで、武田軍を潰滅させた……と記述しているが、当時は馬防柵という呼称はなく、戦場や建物の周囲を柵で囲うことは、一般の常識であった。

とすれば、柵と乾堀と土居を組み合わせて野原に城砦《じょうさい》（いわゆる野戦築城）をつくり、その背後に鉄砲隊を伏せて、敵をおびきよせて殲滅するという、まったく新しい戦術が、突然、信長によって考案されたと考えるのは、前項の記述によってもまったく考えられない。

野戦築城の戦術は、欧州においては、すでに長篠合戦の六十余年も以前から、多くの将軍によって数十回試みられ、多大な効果をあげているという、歴史事実が存在していた。

欧州の歴史の中には、あまりにも堅固な野戦築城をしたために、敵が攻めて来ないため無駄になってしまったという失敗例もある。この点が、信長の最も畏《おそ》れたところであったであろう。武田軍が決戦を放棄《ほうき》して引きあげられては準備のすべてが水の泡となり、再びこのような好機はめぐってこないであろう。

武田軍を決戦に引きこみ、柵の前におびきよせるために仕組まれた謀略の数々は、信長の岐阜城発進のときから綿密に計算されていたと考えられる。

以下にそれらの謀略を列記する。

その第一は、武田軍の騎馬隊をはばむための馬防柵をつくる丸太棒と縄を、岐阜から設楽原に行軍する兵士に一人一人かつがせて行軍させる……という見せかけの謀略であった。

これは武田方のスパイに見せるため、ごく一部の先頭部隊だけであったと思う。

第二は、行軍の速度をおとし、いかにも戦意が低下していると、武田方スパイに信じこませたこと。

第三は、武田軍が織田軍陣地に突入すれば、信長軍の佐久間信盛《さくまのぶもり》が、信長の本陣に攻めかかり陣中を混乱させるという調略が密約されている……という偽《にせ》情報を武田方に流したこと。

第四には、設楽原二十四町の間につけた馬防柵は脆弱《ぜいじゃく》なもので、武田軍の金掘り衆（金山の採掘に従事した経験者で編成した、武田軍独特の敵陣地破壊工兵隊）が使う、投熊手《なげくまで》を使えば、一、三十メートルを距《へだ》てて、簡単に引き倒すことができると武田軍は信じていた。

第五は、野戦築城の工事中は、梅雨期のさなかで、雨脚ともやにかくされた、乾堀、身がくし、銃眼は、武田軍には見えなかった。

投熊手。木柵など引き倒すためなどに用いられた

そして作業中はもちろん、陣地完成後も、鉄砲隊と弓組による監視兵を、昼夜四六時中配置して、近づく者は一人のこらず射殺して、野戦築城陣地の内部を秘匿し通した。

第六は、両軍とも陣地をきびしく護って動かず、戦線は膠着状態にあった。

織田軍の兵士は専業戦士である足軽がほとんどであるから、持久戦も平気であったが、武田軍のほとんどは農民兵であったから、なるべく早く決着をつけ、田植えに間に合うように、梅雨あけ以前に引き上げたいという、あせりがあった。

第七は、この膠着状態を破るために計画されたのが、武田の迂回部隊による牛久保城奇襲計画（のちに詳述）であった。筆者の推理では、この奇襲計画に当てた人数は、選びぬかれた精鋭ではあったであろうが、二百人か三百人に満たぬ小部隊であったと思う。決戦をまえにして、多人数の部隊編成は不可能であったに相違ない。折角の妙計であった迂回作戦であったが、不意打ちの逆襲にあって、この奇襲計画（宝川《たからがわ》作戦）は成功せず失敗に終った。

同夜、同時刻、織田・徳川連合軍の、迂回奇襲部隊四千人は、鳶ヶ巣城とそのつけ城である諸々の砦に迫りつつあったのである。

事実は小説よりも奇なり、というが、この一秒一秒の時間的推理は、スリル満点ではあるまいか！

信長に野戦築城を教えたのは誰か

長篠合戦の六十余年前に欧州で考案され、長槍密集騎馬軍団を、十数回、撃破した鉄砲の集団使用方法が、日本国に伝幡するのが、あまりにも遅いという気がする。

ところが切支丹《キリシタン》布教のために来朝したバテレン（宣教師）達は、布教の許可と便宜を与えてもらうために、為政者達に近づき、その知遇を得るために、珍奇な欧州の道具や衣服などを贈りものとした。

中でも織田信長は、数多くの宣教師を引見して、欧州の文化を知ろうとした。

信長に会った数多くの宣教師の中で、信長の質問に応じて、野戦築城の歴史と構造を教えた宣教師は、信長に十八回以上面接したといわれている、ポルトガル人でイエズス会の司祭、ルイス・フロイスであったと筆者は推理している。

彼は、永禄《えいろく》六年（一五六三）、三十一歳で来日し、以後三十数年間、日本と欧州の文化に関する詳細な研究書や報告を書きつづけ、長崎イエズス会修道院で永眠した。享年六十五歳。

その著述になる『日本覚書』は、時代考証の参考書として筆者の愛読書である。

古文書に、ルイス・フロイスが、信長に野戦築城の詳細を話して聞かせたという記載があるわけではない。

あるいは、他の宣教師であったかもしれないし、複数の宣教師に質問して習ったのかもしれない。

しかし筆者は、ルイス・フロイスであったと推理する理由は、フロイスほど、日本国内の、あらゆる事柄にくわしい人は、当時、他にいなかったと信じているからである。

当時の日本歴史、合戦の詳細を知らぬ人では、あの設楽原の野戦築城はでき上がらなかったと筆者は思う。

そして何といっても、信長に会った回数が圧倒的に多い。武将が宣教師に最も質問したいこと、そして知りたいことといえば、戦争の仕方、新兵器（この場合は鉄砲）を使う新しい戦術であるはずである。

そして大切なことは、当時の日本人の戦争の仕方、戦術に、とても委《くわ》しい人でなくては、役に立つ戦術は教えてもらえない……ということになれば、ルイス・フロイスは、最も条件に叶《かな》った人であったはずである。

では日本で使用されていない戦術で、欧州で最も効果をあげている、威力のある戦術とは一体どんなものか？　という質問がなされたはずである。

その信長の質問に対する宣教師の答は、欧州の戦史のなかで、設楽原の野戦築城にもっとも良く似通った戦史が語られ、教えられたに違いない……と推理するのはいかがであろう。

かねてから筆者と親交のある、横須賀在住の鈴木眞哉先生は、長篠・設楽原合戦の虚構の定説に対しては、永い歳月、筆者と共に反撃してきた同志であり、欧州の歴史や合戦に詳しい歴史学者である。

鈴木説では、イタリア戦役の、セリニョーラの戦い（一五〇三年四月二十八日）において、野戦築城と鉄砲隊の組み合わせによってフランスの槍騎兵やスイスの歩兵隊を撃破した新戦術が、設楽原合戦（六十二年前であるが）と大変よく似通った野戦築城であり、偶然の相以ではあるまいとしておられる。

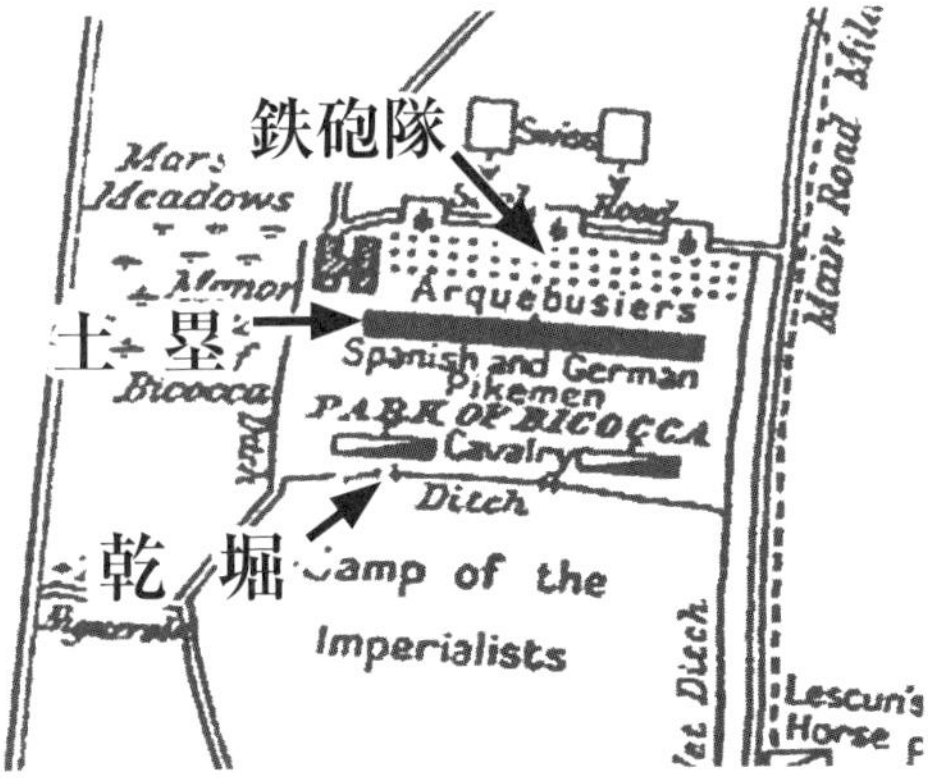

セリニョーラの戦いにおける野戦築城

すなわち、セリニョーラの戦では、陣取った丘のふもとに、乾堀を掘り、掘りあげた土で土塁（牆壁）を築き、杭《くい》を植えならべて、その後方に鉄砲隊を配置して、待ち構えるという戦術を採用した。

突撃してきた敵は、乾堀に気づかず、堀に転落し、杭と土塁にさえぎられ、至近距離からの狙撃で敗走した。

この欧州における史実は設楽原における信長の野戦築城と全くそっくりで、戦況もほとんど同じであると言っていいほど似通っている。

サー・チャールズ・オーマンの、『十六世紀における戦法の歴史』（一九三七年）において、オーマンは、小火器と野戦築城を組み合わせて、有効に利用した最初の将軍について、ヘルナンデス・ゴンサルボ・デ・コルドバであるとしている。コルドバは、スペインの大将軍で、一四四三年生まれ、一五一五年死去と記述されている。

コルドバの工夫した、乾堀、杭《くい》、土塁、そしてその後ろに鉄砲隊を配置するという、新しい戦術は、彼の死後も、引きつづき、ずっと使用され、その度ごとに、勝利をもたらした。一五二二年の、ピーコッカの戦いなどは、特に有名である。

鈴木説も筆者の説も全く同じであって、信長は、引見した宣教師（ルイス・フロイスであると推理）から、この野戦築城と鉄砲隊を組み合わす、コルドバ式の陣地が、欧州の戦線で無敵必勝の戦果をあげていると聞いて、この戦法戦術を武田軍殲滅に使用しようとした、と推理する。

信長は、何重にも仕掛ける謀略の罠《わな》とコルドバ式陣地構築によって、武田軍殲滅が可能であると必勝を確信した。

五月二十日の長岡藤孝（細川幽斎）宛ての信長の書状に、「この節、根切り眼前に候」とか、『改正三河後風土記』中に、「今日、敵兵共をば、練雲雀《ねりひばり》の如くせんものぞ」とか、決戦前夜、茶《ちゃ》臼山《うすやま》の本陣で詠じた信長の吟詠に「狐鳴く　声も嬉しく　聞こゆなり　松風清き　茶臼山がね」とあるように、翌日にも迫っている決戦を、楽しげに心待ちしているほどの自信である。

武田軍には見えなかった乾堀と身がくしの厚みと銃眼

織田・徳川軍が構築した鉄砲構えが、設楽原の戦いの六十余年前に創案された、エル・コルドバの野戦築城に類似していることは前述した。コルドバ陣地の勝利の戦歴中に、陣地の前に掘った乾堀が見えないため、突撃した槍騎兵が、堀になだれ落ちたことが記述されている。

平成四年七月十一日、筆者の時代考証そのままの、織田・徳川軍の鉄砲構えが、設楽原古戦場に構築された。

四百十七年前の決戦前日とまったく同じ天候の雨降りの中で、当時の用具、当時の服装で構築し、テレビ撮影を行った。

所要時間、人数、資材等のデータは、よい参考になった。

文字の上や想像だけで組み立てられていた鉄砲構え。乾堀と馬防柵と身がくしと銃眼（鉄砲狭間《ざま》）のイメージが、現実のものとなり姿を現した感銘は、終生忘れ得ないであろう。

私は雨の中を、いろいろな方向から飽くことなく、この三段構えの鉄砲陣地を眺めて、時の過ぎるのも忘れていたが、そのうち重大なことに気づいた。

十間（約二十メートル弱）もはなれて立つと、地面から掘りこまれた乾堀は、まったく見えないこと。身がくしの厚みはもちろん見えないこと。そして身がくしにならんでいる銃眼も見えない。目立つのは馬防柵だけである。

その時私は、武田軍の敗因の謎の一つは解けたと思った。

武田軍の指揮者（役人）にも、兵士にも、乾堀も、身がくしの厚さも、銃眼も、まったく見えなかったのではなかったか？

乾堀の近くまで来て堀に気づき、幅と深さに驚き、七メートル程の至近《しきん》距離から狙撃されれば、確実に命中するし、一発で即死する。

現代人で火縄鉄砲に関する充分な知識をもっている人は数少ない。火薬量を増やして射てば、二百メートル以上遠くに着弾する。

しかし命中精度は悪くなる。八寸の角（的）に当てるには、三十メートルかそれ以下の距離が適当である。そして火薬量は少ないほど、命中する率がよくなる。

三十メートル以内の距離でも動く的は命中しにくいものである。戦場で動く敵を狙って、もし命中しなかったならば、また、命中しても致命傷を与えなかった場合、敵は手元に斬こみ、突入してくる可能性が多い。

連発銃でない火縄鉄砲の場合、弾丸込めしたり、銃をとりかえたりする余裕はまずない。

この写真のようにかなり近づかないと乾堀と銃眼は見えない

戦場では敵を至近距離まで引きよせて、確実に一発で即死させるのが、無駄弾丸《だま》を出さず、最も確実で安全な方法である。

そして八匁玉、十匁玉など軍用銃の弾丸は首に命中すれば首が吹き飛び、腕や脚に当たれば、ちぎれて飛び、一発で致命傷となる。

銃眼の位置と、おびただしい数に驚く暇もなかったであろう。

一メートル以上の厚みのある身がくしは火縄鉄砲の弾丸では貫通しないし、銃眼の穴は、掌ほどしかあいていない。狙って射つのは至難の技である。

乾堀を渡る工作も、馬防柵を引き倒す工作も、あまりにも間近かな銃眼の距離と安定した命中精度のまえには、なすすべもなく、屍《しかばね》の山が築かれたものと推理する。

このように、乾堀の存在を完全に秘匿できたことと、身がくしが鉄砲の銃弾を完全に喰い止めたこと、そして果てしなく並ぶ数多くの銃眼に武田軍が気づかなかったこと、この三つを前提として、織田・徳川軍の偽計・謀略の一つである馬防柵は、武田軍をおびき寄せるための囮《おとり》であり、罠《わな》であった……という大胆な推理が成り立つのである。

武田軍の悲劇は、事前の諜報《ちょうほう》活動に負けたために起こったともいえる。

織田・徳川軍の設楽原における陣地構築は五月十八日、十九日、二十日の三日間で出来あがり、二十一日の決戦の日を迎えたと記録されているが、要した人員の数はわからない。

平成四年七月十一日の実験的な構築では、乾堀・馬防柵・銃眼付き身がくしを、幅四間（約十メートル）構築するのに、人員十名、時間は約五時間、道具は昔風の鍬《くわ》や畚《もっこ》と天秤《てんびん》などを使った。天正三年五月二十日と大体同じような雨降りであったので、同じ条件と見てよいと思う。

設楽原の鉄砲陣地（鉄砲構え）は、馬防柵だけを二重、三重に構築したものではない。

馬防柵については後述する。

『三州長篠合戦記』（阿部本）は、乗本村の名主、阿部四郎兵衛が、日記風に記述した詳しい資料であるが、その記録によると、

「先ず南は川治《かわじ》村連子橋《れんごばし》より、竹廣柳田辺《たけひろやなぎだあたり》、北は宮腰《みやこし》、森長《もりなが》、濱田迄《はなだまで》、小川を隔《へだ》て、廿四町の間に、二重・三重の乾堀をほって、土居を築き、五十間、三十間をおいて虎口《こぐち》を設け。目通り一尺挺りの木を以て柵をつけ」とある。

乾堀というのは、水を張らぬ空壕《からぼり》で、幅二間もあり、深さ二間近く地面から掘りさげ、平たい底《そこ》の面に、先端を鋭く削《そ》いだ青竹を多数植える。堀になだれ落ちた敵を傷つけるという、恐ろしい防禦施設である。

乾堀から、その次の防禦物である馬防柵までの距離は一間、この空間を武者走りとか、犬走りと呼んでいる。

この通路は防禦物の中を横に移動するための通路であって、五十間、三十間の間隔で作られている虎口（出入口）に至る唯一の道である。

第一の犬走り（武者走り）に接して馬防柵を構築している。資材は、目の高さあたりで周囲一尺、直径三寸三分ほどの雑木、地下に約一尺ほど埋めた根本はさらに太い。

雑木の長さ八尺以上。地上に出ているのは六尺ほど、雑木の下部二尺ほどは下枝を払わず、枝をのこしたままにしてある。立て並べて柵にした場合、下枝が人馬の侵入を防ぐからである。つまり下枝が横や前方にのびて現在の鉄条網の有刺鉄線と同じ効果を生むのである。

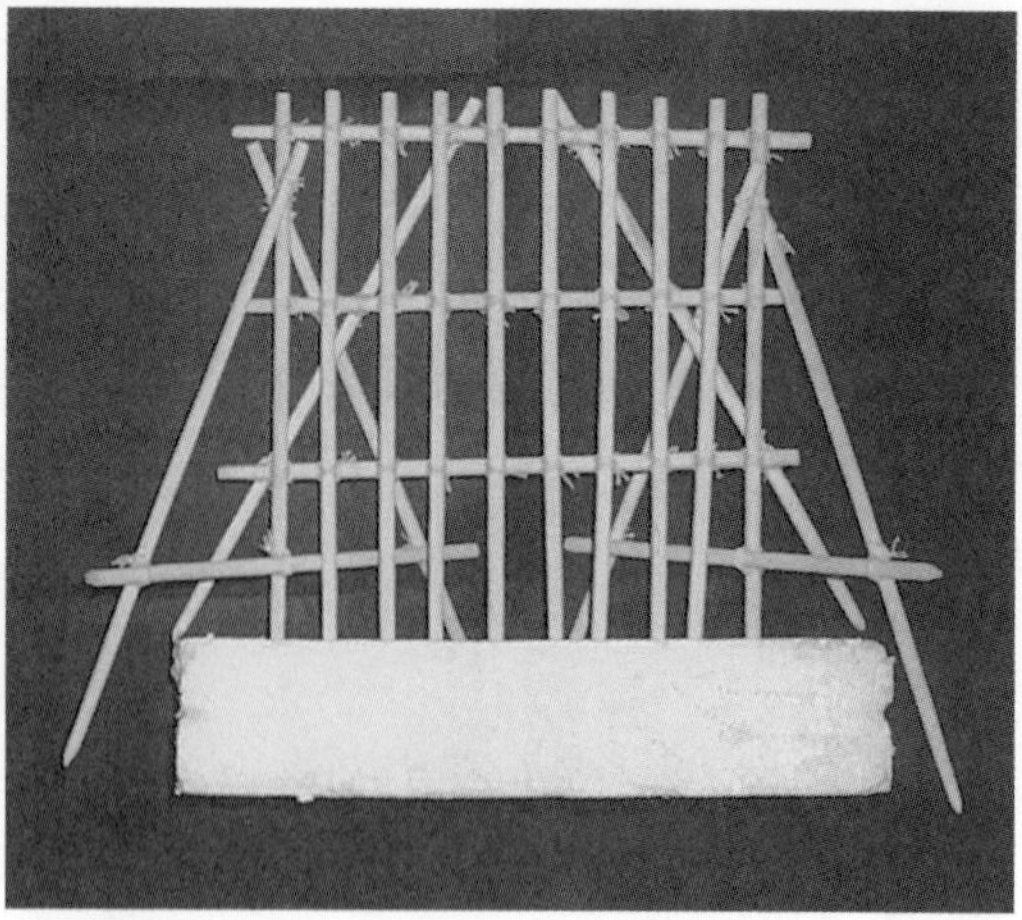

柵の模型。このように作らないと、簡単に引き倒される

馬防柵の木材は、横一列に埋め並べると、前後に引き倒し、押し倒される場合、脆弱であるから、ジグザグ形に二列になるよう埋め立て、二列の間に長い横木を中央に一本、中央と上端の間に一本と、ジグザグ形の間を縫うように通し、縄でX字形にしばり、さらに十文字になる木と木の間に割りを二重に入れて縛る。

この縛りかたによれば、柵をがっちりと固定して、ゆるぐことがないし、縄をほどく場合はたやすくほどくことが可能で、縄を切る必要がないので、縄は何度でも同じ用途に使える。現在行われている垣根結びは、終りを男結びにしてとめるので、ほどきにくく、切れば縄が短くなって、二度の使用に足らなくなる。

柵を縛り固めるのに、現在であれば、鉄の針がねを使えば手軽で強固であるが、昔時《むかし》は針がねを作ることは大変手間のかかる操作であったし、ものすごく高価であった。

なぜかというと機械で作れなくて、手作業で塊《かたまり》を板にし、切り割り延ばして作ったからである。

柵を結うのに針がねは使えなかった。また、縄も一度の使用で捨てるよりも、ほどいて再度使用するというのが、当時の常識であったのである。

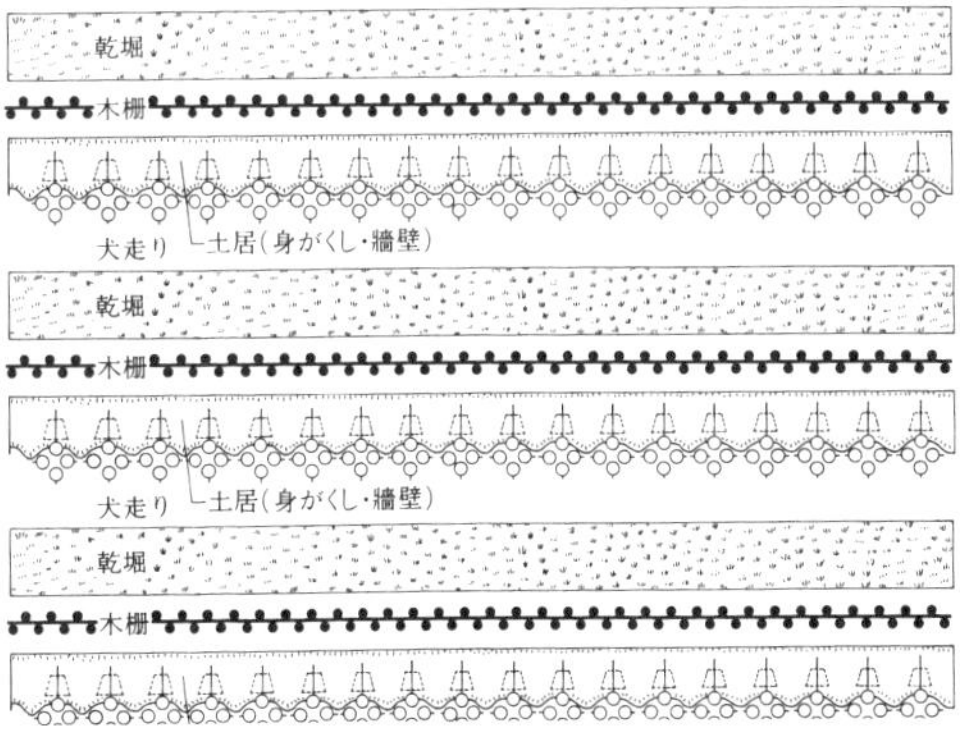

織田・徳川連合軍による野戦築城陣地の平面図

乾堀と馬防柵の間に、幅一間の犬走り（武者走り）が構築されていることは前述したが、馬防柵の後方にも、土塁（身がくし）との間に同じく幅一間の犬走りを作る。これが第二の犬走りである。

虎口は、乾き堀、馬防柵、身がくしとも、三十間または五十間ごとに一ヶ所、出入口として造られているが、真っすぐ一直線に侵入できないように、三列入れ違いに造られている。

すなわち、乾堀のきれ目の虎口から奥に向かえば第一の犬走りまで侵入できるが、馬防柵に遮《さえぎ》られる。犬走りを右か左に十五間または二十五間走れば、馬防柵の虎口があるので、第二の犬走りまで侵入できる。しかし身がくしが立ちふさがっていて越えられないから、第二の犬走りを右か左に十五間または二十五間走り、身がくしの切れ目の虎口から第三の犬走り、つまり身がくしの後ろの犬走りに侵入しなければならない。

この間、十五間か二十五間の距離を、二度以上、銃眼の銃口の前を、真横に走らねばならない。銃眼から狙う銃手にとって、至近距離からではあるし、このように狙いやすい標的はない。

乾堀、馬防柵、身がくしの三段構えの鉄砲陣地を、場所により二重、三重、さらには六重、八重に構築したと、古文書には記載されている。

さて、銃手が身をかくして銃眼から敵を狙撃する土塁（身がくし）について記述する。

三段構え（堀・柵・土塁）の織田・徳川軍鉄砲構えのうち、武田軍の死命を制した防禦物は、何といっても、身がくしと、身がくしに並んでいる銃眼であった。

馬防柵の後ろの、第二の犬走りに接して、根本の幅四尺ほど、高さ五尺、頂上の幅一尺の梯《はしご》型の断面をもつ土塁（前頁、土塁断面の参考図参照）を構築した。この土は乾堀を掘った土を後方に畚《もっこ》で運び、積み固めて構築する。

この厚みの土塁は、火縄鉄砲の十匁至近弾も貫通させせず喰い止めることができる。

土塁の頂上から一尺さがった位置に、三尺間隔《かんかく》で並ぶ銃眼、鉄砲構えは二十四町の間、延々と続いているのであるから、銃眼の数は二千百六十ほど用意されていたと推理される。

一個の銃眼に一挺の銃と一人の銃手がついているわけで、別に銃の弾丸込め役三人がつく。

武田軍の突撃は全軍一斉ではないのであるから、突入してくる武田軍の状況により、弾丸込め役の八百四十挺（八百四十人）を移動させ、重点的に対抗させたものと推理する。

武田軍に、もし三段構えを破られ侵入されれば、織田・徳川軍の鉄砲隊は後退して、次の三段構えの身がくし内に配属される。

このようにして、武田軍に犠牲を強いていったのである。

銃眼は土塁に穴をうがっても土が崩れて、穴がふさがれるので、筆者の推理では、板で箱状四面ばりの木わく（上と下と左側面と右側面だけのわくで、手前と先があいている木わく）をつくり、これを土塁の頂上から一尺ほどさがった場所に埋めこんで銃眼としたと推理している。銃眼の木わくの寸法は、常識的な推理によれば、天版と底板は同寸法で、敵に向かっている先口の横は五寸以上。手前にひらいた横は一尺以上。先から手前に梯型にひらいた線の寸法は一尺二寸ほど。先から手前の寸法は一尺余。

左側面と右側面は同寸法で、敵に向かっている先口の、たて寸法は二寸あまり、手前のたての寸法は六寸余り。底板を水平に土塁にうめるので、左右側面板は敵方向に勾配《こうばい》をつけてさがる。これは銃口を固定しつつ、銃床を上にあげて、斜下や地上に伏す敵を狙うための傾斜である。身がくしに銃眼を埋めて、鉄砲構えの構築は一応形態だけは終わったことになる。

しかし構築時の三日間は降雨であった。

設楽原の雨中で踏み荒され、こね返された泥土は、ぬかるみすべり、銃眼を並べた土塁内の犬走り（第三の犬走りである）もすべって歩きにくいし、濡れた身がくしは身体を寄せれば泥人形のようになってしまう。

筆者の推理では、犬走りと身がくしに砂を撒いたか、荒むしろを敷いたり、荒むしろで覆ったりしたのかもしれない。

泥土は、鉄砲に付着すれば場合によっては発射時に不発事故をおこすこともあり得る。泥と水は鉄砲隊士にとって、最も苦手なものである。周到な信長と家康の計画であるから、あるいは、銃眼上に簡単な、雨よけの屋根（?）を作っていたかもしれぬ……と、筆者は推理しているが、思い過ごしであろうか。

この乾堀、馬防柵、銃眼の並んだ身がくし（土塁）の三段構えの鉄砲陣地の構築された三日間、すなわち五月十八日、十九日、二十日は連日雨降りの悪天候であった。時折り雨がやむと霧が立てこめる。霧が晴れると曇り空という繰り返しである。

構築作業の内容をうかがい知ろうとして遠望しても、雨や霧や雨雲にさえぎられて、武田軍の忍び隠密の眼にはさだかに見えない。作業地の小高い場所や、その周囲には、火縄に点火した火縄鉄砲をもった監視の兵が、四六時中巡回し警戒して、人を近づけない。

近づけば、鉄砲か弓矢で射殺してしまう。

これは古文書中に再三、記載してある。

構築中の陣地に、武田軍陣地から見えるのは、何重にも作られている馬防柵だけが目立って見えるだけで決戦の前夜を迎えたのである。

そして小幡大膳亮《おばただいぜんのすけ》の偵察、そして失敗、再度の偵察、そして負傷。帰投した大膳亮の意見具申《ぐしん》、すなわち、攻撃を見合せ、徳川軍からの攻撃を待ったほうがよいという戦法。

内部から見た身がくしと銃眼

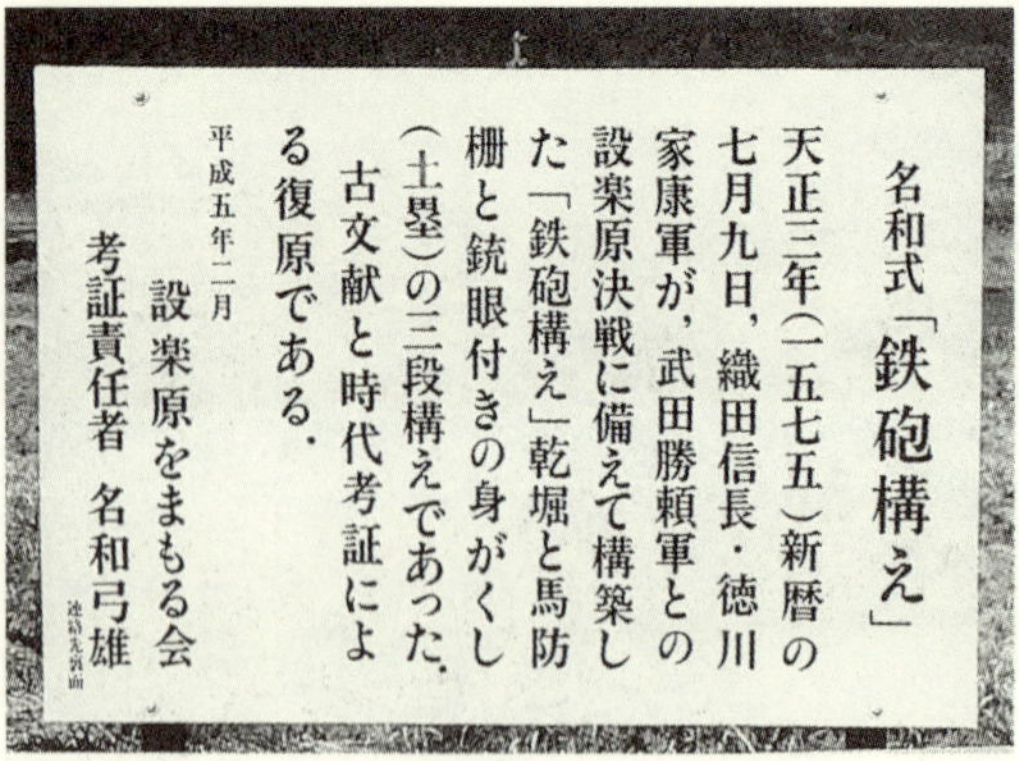
名和式「鉄砲構え」
天正三年（一五七五）新暦の
七月九日，織田信長・徳川
家康軍が，武田勝頼軍との
設楽原決戦に備えて構築し
た「鉄砲構え」乾堀と馬防
柵と銃眼付きの身がくし
（土塁）の三段構えであった．
古文献と時代考証によ
る復原である．
平成五年二月
設楽原をまもる会
考証責任者　名和弓雄
平成４年７月11日に設楽原に構築した陣地を説明する標識

しかしその時、鳶ヶ巣城方面に鯨波《ときのこえ》と火柱があがったので、腹背に敵を受け、兵糧を焼かれたうえは、ただちに前進し敵を全滅させるより外に術策はないという判断から、軍議は一決して、武田軍山県《やまがた》隊の突撃ということになったのであろう、と推理される。

もし武田軍が、乾堀と銃眼つきの身がくし（土塁）の存在に気がついていたら、馬防柵に向かって突撃するはずがない。

筆者に構築復原した乾堀と銃眼付身がくしが見えなかったように、武田方に見えなかったという推理が正しいのではないかと思う。

そして見るからに脆弱そうな馬防柵だけを頼りにして、ひたすら守りに徹している臆病な織田・徳川軍を殲滅《せんめつ》することは、いともたやすい……というのが、武田軍将兵の思いであったと推理する。

織田・徳川軍の仕掛けた罠《わな》は、馬防柵だけではなかった。

勝頼が甲府を発進する前から、織田方の武将、佐久間右衛門尉信盛《さくまうえもんのじょうのぶもり》が、織田家を裏切って、設楽原の馬防柵を内側から混乱させて、信長の本陣に攻めかかると調略の手をのばしていて、これを信じた武田軍は、馬防柵に近づいたとも古文書には記録してあるが、この程度の謀略に簡単に乗せられるかどうか疑わしい。

織田・徳川軍の鉄砲構えの全容を把握できなかったことが最大の敗因であると、筆者は推理している。

松楽寺前の九度合戦は虚構

定説では、松楽寺前の徳川軍の陣地に、山県隊をおびき寄せる意図で、徳川軍が馬防柵を出て、十町ほど武田軍陣地に出撃するという、陽動作戦を展開したことになっている。

山県隊が追ってくれば、退いて柵の内に逃げこみ、山県隊が柵に近づかないと、柵を出て近づいて挑発する。さながら小児《こども》の鬼ごっこのような小競り合いを九度繰り返したという。

その結果、山県隊は挑発に乗って、馬防柵に突撃してきたので、鉄砲の一斉射撃を繰り返して薙ぎ倒した……という。

これが設楽原銃撃戦の緒戦であって、定説では、「松楽寺前の九度合戦」と称している。

筆者はこの九度合戦は虚構であると推理している。

これは、織田軍は柵内にひそみ、近づいた武田軍を銃撃で倒したが、徳川軍はいかにも勇敢に戦った、しかも敵を馬防柵前におびき寄せる端緒をひらいた、という宣伝のために作られた合戦ばなしであろう。

九度合戦が虚構であろうという推理の理由は次の通りである。
一、徳川軍が松楽寺前の九度合戦で演じた陽動作戦は、「隠《かく》れ遊びの戦術」と呼ばれている、武田軍の得意な、常套手段である。
山県隊にしてみれば、自分達が好んで常々行っている戦術に引っかかって、おびき出されるということは、まず考えられない。

これは武田軍の戦法を徳川軍におきかえて、合戦ばなしをおもしろくしたにすぎない。
二、武田軍が馬防柵目ざして突撃してくることは当然であり必然性がある。なぜかというと、数々の謀略が二重三重と試みられているうえに、徳川の迂回部隊によって、武田軍背後にある鳶ヶ巣城と、それを取りまく数々の砦が焼き立てられ陥落《かんらく》し、大荷駄食糧は焼かれ、輸送行軍用の馬や牛は切り放されて裸同前になり、前と後を織田・徳川軍にはさまれた状態の武田軍には、馬防柵のかげにひそんで、守りに徹している敵を討ちやぶる以外に、何一つとるべき手段はないのである。おびき寄せないでも、武田軍は必ず馬防柵めがけて殺到するというのが、織田・徳川軍のねらいであり、謀略である。

危険を冒《おか》してまで、恐怖するべき武田軍が突撃してくる正面に出撃していく必要はまったくないのである。

三、織田・徳川軍の構築した、いわゆる、コルドバ式の野戦築城の改良型陣地ともいうべき鉄砲構えは、武田軍に対して、乾堀、馬防柵、身がくし（土塁）の三段構えで、三段の出入口は、まっすぐに侵入できないように、三十間または五十間ごとに、互いちがいに造られているので、簡単には出入りできない。実験してみると、犬走り（武者走り）の通路は泥土ですべるし、馬防柵の自然木の下枝は脚にからむし、十五間、または二十五間の距離を二度以上三度、横に移動して、やっと出入りが可能という造りになっている。このように、早急な通路の出入りはできない。

もし簡単に出入りできれば、武田軍もたやすく侵入してくるので防禦物として役にはたたないはずである。

まして騎馬武者は、騎乗しても索き馬でもとても出入りできる状態ではない。

犬走り（武者走り）で、馬が脚をすべらせれば、深さ二間近い、底に竹槍を並べ植えた乾堀

（狼穽《ろうせい》）に転落する危険性がある。

四、徳川軍が陽動作戦に出撃できなかった理由として、決戦当日の設楽原の地面（地表）の状態を、推理考察してみたい。

「設楽原合戦から、十八年後、慶長九年（一六〇四）の検知帳に水田の面積が記載されていて、現在の水田の面積と大差がないことから考えると、天正の頃の水田の分布も、現在と大差はなかったのではないか」

という、地元の人の意見もあることを、故・丸山彭先生が書きのこしておられる。

五月二十一日頃は、田植を終わったばかりで、満々と水をたたえた、水田の分布の見られる設楽原である。設楽原の水田は泥土の深いいわゆる深田である。

重い具足、重い鉄砲や武器や防禦具を携行した徳川軍が踏み荒し、こねかえせば、泥土に脚をとられたであろう。

陣地前を流れる連吾川も、連日の雨に水量は増え、流れも速くなり、川幅も四間にも五間にもなっていたであろう。

そして連吾川には橋もない。川を徒歩《かち》で渡り、泥濘の中に出撃したか、まことに疑わしい話である。

五、定説の記述によれば、徳川軍陽動部隊は馬防柵を出て、十町以上も張り出し、武田軍を挑発したといっている。
武田軍陣営と織田・徳川軍の間隔は、二十町の距離であった。

十町といえば、その中間位置である。

もし徳川軍が、鉄砲構えを簡単に出たり入ったりできたと仮定しても、陣地を出れば地面は泥濘か水田である。

泥濘の中を十町も進出し、武田軍と白兵戦を演じては、陣地に逃げこむことが果たして可能であったであろうか。

そのように簡単に素早く出入できる防禦物であれば、武田軍の金掘り衆という工兵隊がいるので、武田軍もたやすく出入りし、徳川隊の陣地が破られると、武田軍は織田軍の背後に進出するという新しい事態が生ずる危険も考えられる。

九度合戦の話は、信長の「御身方一人も、破損せず侯様に、御賢意を加へらる」と記述された『信長公記』の話からは、まったく想像もできない、統制を乱す軍令違反と考えられる。

三方ケ原合戦以来、武田軍は徳川軍にとって、恐怖すべき存在であったのである。

松楽寺前の九度合戦は虚構であろう。

武田軍の戦法と設楽原

武田流軍学といえば、軍学の中で最高のものとされていて、武田家滅亡の後、江戸時代が終わるまで、継承され、講義されていた。

武田流の戦法は、中国の代表的な兵学書七書すなわち、『孫氏』『呉氏』『司馬法《しばほう》』『尉繚子《うつりょうし》』『李衡公問対《りえいこうもんたい》』『黄石公三略』『太公望六韜《りくとう》』にのっとった、本格的なものから、武田家で考案された奇略を加え、各地の戦闘で敵軍を散々に翻弄《ほんろう》したことが歴史事実にたびたび出てくる。

武田軍の行軍様式は古式通り、陣形はいわゆる「八陣の構え」。すなわち、魚鱗《ぎょりん》、鶴翼《かくよく》、長蛇、偃月《えんげつ》、鋒光矢《ほうこうし》、方円、衡軛《こうやく》、雁行《がんこう》、の八陣に、主将の采配の一振りで、一糸乱れぬ陣型に変化するというので有名であった。

その構成人員について、『古事類苑《こじるいえん》』に、「五人を一伍となし、十人を一火となし、五十人を一隊となし、諸隊を合わせて、以て軍を成すなり。世に伝うるところの武田の陣法の如きも、大いにこれに似たり」とある。

陣形から、攻撃に移行する変化によって、「乗り崩し」「両がかり」「車がかり」「手づめがかり」などの名称のつけられた戦闘体形が行われていた。

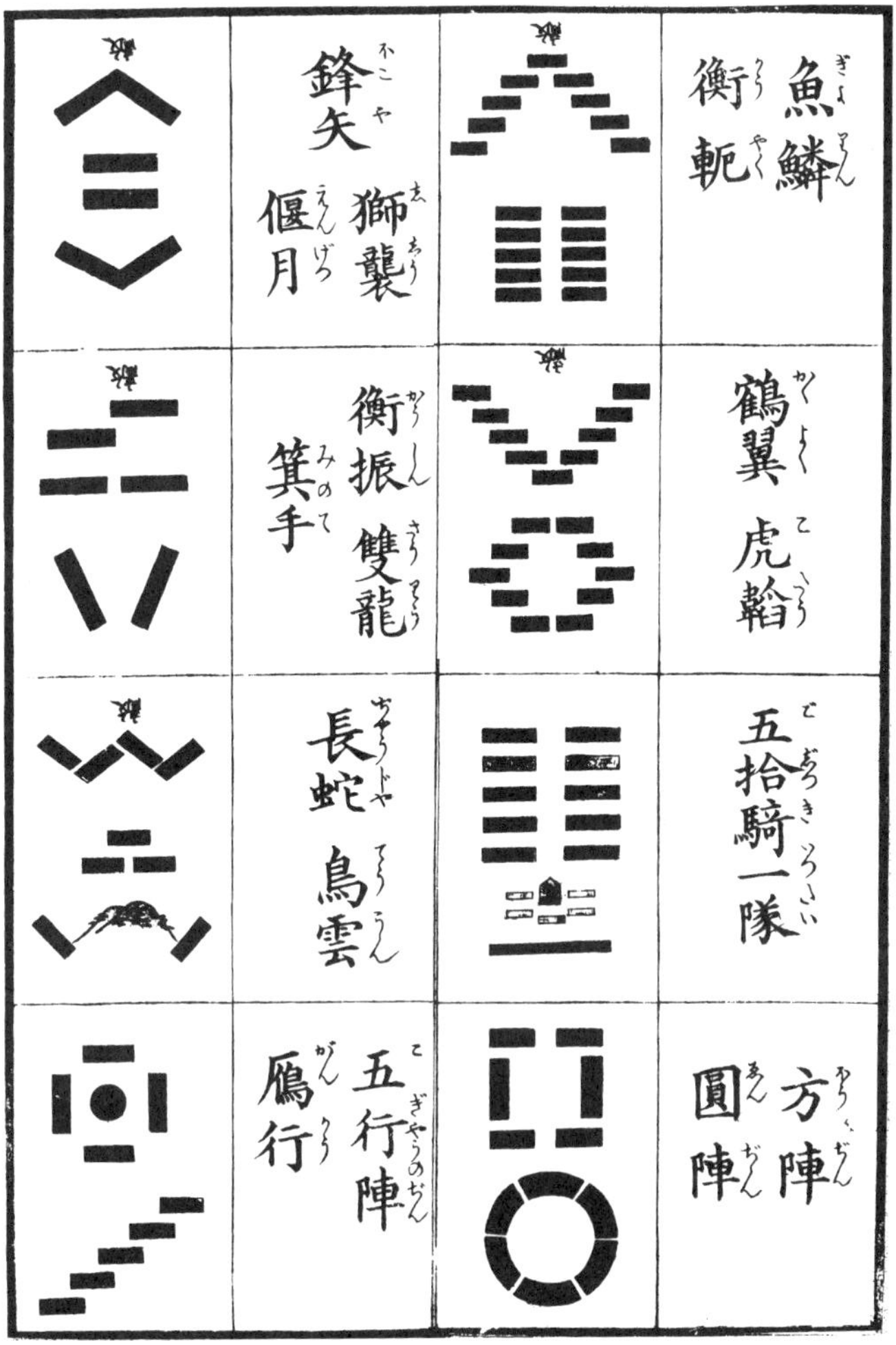
魚鱗
衡軛
鋒矢
獅襲
偃月《えんげつ》
鶴翼《かくよく》
虎韜
衡振《かうしん》
雙龍
箕手《みのて》
五拾騎一隊
長蛇
鳥雲
方陣
圓陣
五行陣
鴈行

八陣参考図

松楽寺前の九度合戦で前述した、「かくれ遊び」の戦法は、変幻自在、進退周旋の陣形転換の巧みな、武田軍の得意な戦法であった。

その他、珍しい戦法として有名なのは、武田軍の「浮かれ攻め」と称する突入方法である。勝頼は、諏訪明神の申し子とも思われていた人で、諏訪神社の大祭のとき鳴り響く太鼓の勇壮な響きに、聞く者は勇躍して踊り狂うことに着目し、戦機が熟すると、戦場に大太鼓をならべ打ち鳴らし、「お諏訪太鼓」の韻律に乗って敵陣に突入する。

信長は、これらの武田軍の戦法を封じて使用させないために、野戦築城の戦術を採用し、水田の多い、湿地帯で狭く、凹凸の多い設楽原を決戦場に選び、雨が多い梅雨期の最中《さなか》を決戦の日に選んだのである。

それは、設楽原を泥濘の海とし、武田軍の戦闘行動を阻止するという狙い以外の何ものでもなかった。

前述の陣形も戦法も、何一つ応用できない帯のように細長く狭い地形、誘いをかけても陣地からまったく出てくることのない敵、しかも昼はもちろん、闇夜でも、動くものは、何一つ逃さず銃撃が集中する。

双方とも、手も足も出ぬ膠着状態を打開するための戦術は、戦争の素人《しろうと》が考えても、大きく迂回して敵を背後から攻撃して、敵の出かたを見るという方法以外にない。

設楽原の古戦場を見学にやってきた小学生が、「武田軍は、なぜ、信長軍の背後に廻りこんで、うしろから攻撃しなかったのか」と、不審顔《ふしんがお》で質問するそうである。

質問に答える関係者は返答に困るそうである。定説の誤った歴史によれば、迂回作戦を敢行したのは、織田・徳川連合軍が、鳶ヶ巣文殊山城を奇襲したことが記述されているだけである。

武田軍の迂回作戦、牛久保城奇襲作戦についての記載は全然ない。失敗した作戦であるから書く必要がない……では、歴史とはいえない。

ただわずかに、地元にのこる伝承として、牧野文斉先生の蔵書中に太田白雪《おおたはくせつ》著述の、『三河国軍物語』六冊中の四に、簡単な記載がある。

「宝川合戦

天正三年牛久保、牧野右馬亮が居城に、信長の家臣、丸毛兵庫と福田三河守両人を残す。

（此事は長篠記に出る故略す）。

武田勝頼の軍士等、長篠寄手の勢を分け、作手を廻し、牛久保の城を不意に攻め落とすは、両将の後詰め騒ぐべし。其の上、□□夫より出来《いできた》り、一と手立なるべしと、既に出陣す。され共、城兵に告る者有りて、牛久保より早、宝川に出張して敵の計をくじきける故、相違して、しばら

野田城跡に立つ筆者

く相戦い相引にすと言えり。」

と、わずかに九行の記載があるだけである。

太田白雪なる人は寛文《かんぶん》元年（一六六一）生まれ、享保《きょうほう》二十年（一七三五）没の、松尾芭蕉門下の俳人で、郷土史家である。

『三河国軍物語』は、地元、新城にのこる伝承を書きとめたものであり、筆者は真説と確信している。

次に、天正三年五月二十一日、設楽原において、武田軍が使用したと考えられる戦法と武具防禦具について考査してみたい。

武田軍団中には、敵陣、敵城砦の破壊や、地下坑道の掘り抜きなどの作業に馴れた工兵隊に類似した、金山労働の経験者で編成した金掘り衆と呼ばれる、工作兵が編成されている。

武田信玄の野田城攻めには、金掘り衆は、野田城の城山に坑道を掘り、水脈を破壊したので、城中の掘抜き井戸はすべて水が枯れ乾いてしまった。

いわゆる水責めである。野田城中の守備兵は、飲み水にも困り果て、一策を案じ、銭を入れた桶を長い縄で釣りさげ、城をとりまく武田軍から、飲み水を買って、命をつないだという面白い話が伝承されている。

長篠城攻めでも、金掘り衆の活躍は成功しなかったが、歴史事実として伝承されている。阿部四郎兵衛忠政著述の、『三州長篠合戦記』中に次の記述がある。

「長篠攻城戦は五月一日にはじまり、十日間近くはげしく攻めたてたが、守りが固く、攻め落とせない。

十日を過ぎた頃から夜半になると、『ひさご丸』と呼ばれる出丸の地中から怪音がきこえて、時折、地響きして、大岩が落下する大音響がきこえてくる。

城中では、この音に、『ひさご丸の下の岩盤を掘り崩している』と、おびえた。

長篠城主、奥平貞昌は、ひさご丸曲輪《くるわ》は、今まで持ちこたえてきたが、いずれは落ちるであろうと推察し、十一日頃か夜半にこの曲輪を放棄し、本丸に普請をし軍勢を本丸に撤退させ、いよいよ守備を固めた」

これは武田軍の神経作戦であったことが合戦後に判明したことが、記述されている。

「寄せ手引いて後、此所を見れば、天然の岩にして堀崩す事能はず（不能）といへども、城兵の気を奪ひ、おびやかさんが為に、他所より大石を持ち来り、是を水中へ落し響かせて、掘り崩す真似をして、城兵の気を奪ひたるとなり」

　五月十一日の項には次の記述がある。

「寄せ手は長篠城の二の丸、渡合川に竹束を付て乗取らんとする所を、城兵山崎善兵衛、奥平出雲、生田四郎兵衛、黒屋甚右衛門等突出て追払う。此の鉾先余りに烈しかりければ、寄せ手、たちまちに敗北して谷川へ追いはめられ、濡れねずみの如く散々の躰にて敗走す。此時攻具を捨てたりければ、城兵即ち、竹束を焼捨る。

　渡合川とは二川流合の所にして、其崎の所を要害《ようがい》に取りて長篠城は築きたり。城の南の方なり。二川は大野川、東よりながれ、滝川は西より落ちるなり。岩代川とは滝川の筋の名なり」

　そして「五月十二日の攻城」の項には、城兵と金掘り衆が、長篠城本丸で坑道戦を演じたことが記述されている。

「翌十二日には、敵昨日の無効を憤《いきどお》り、術《そなえ》をかへ、本丸の西の隅の谷より、金掘りを入れて、土居を堀崩し攻入らんとす。城主貞昌之を察し、敵の掘り来る所を考へ、城内よりも地の中を掘り、時刻を考え火砲を発しければ、敵兵大いに驚き、肝を潰して出て奔《はし》る」

武田軍団には、「印地の者」と呼ばれる、投石兵が加えられていたと、古文献に記述がある。拳大《こぶしだい》の石魂を数多く携行し、密集した敵軍に投げつづけて撹乱《かくらん》する。

特に密集して突撃中の騎馬隊に対しては有効適切で、乗馬は狂奔して収集がつかなくなる。身がくし中にかくれて姿を見せぬ、設楽原の織田・徳川軍に対しては、投石戦術は効を奏さないので、おそらくまったく使用されなかったのであろう、古文献にも記述はない。

しかし、前述の、城砦破壊を目的とした「工作隊」である金掘り衆は、設楽原合戦では、大いに活躍したであろうと推理される。

筆者は、かつて設楽原の古戦場の土屋右衛門尉直村《つちやうえもんのじょうただむら》（昌次《まさつぐ》）戦死の碑に接した激戦地（新城市市有地）に、織田・徳川軍の鉄砲陣地、すなわち、乾堀と馬防柵と銃眼付きの土塁（身がくし）組み合わせの、コルドバ式野戦築城を構築した（前述）。

このモデル陣地は、新城市と、設楽原をまもる会に管理され、見学者のために現在も残されている。

この陣地を四百年前と同じように、梅雨期の雨の中で構築したときの体験によれば、武田側から見ていると、乾堀と土塁（身がくし）と銃眼は、まったく見えないことに気づいて驚いた。

決戦の前の数日間、武田軍は敵陣地の偵察に努力をつづけたと思う。

しかし近づくものは、銃撃されて近づけず、陣地の内部構造はまったく把握できなかったと思われる。

織田・徳川軍の陣地構築には、雑兵と、作手や柳田（激戦地になった）の農民たちが、徴発されて、構築に従事した。

これらの地元の人が、武田軍に通知すれば、あるいは、陣地の構造が察知できたかもしれなかったが、織田・徳川軍に徴用された地元の人は、信長の報復を極度に恐れ、秘密を暴露することはなかった。

そして彼ら地元の人たちは、激戦の巻き添えになることを恐れ、住居も耕地も放棄して、いちはやく山中深く避難して、息をひそめて紛争の終るのを待っているのであった。

元来、作手や柳田地区は、織田・徳川方の武将である奥平氏代々恩顧《おんこ》の土地である。

奥平氏は仁政を行い、農民に人気があった。しかし一度、武田方の勢力に靡《なび》いたことがあり、その後、徳川に与《くみ》したことがあるため、作手・柳田地区は、織田・徳川方と武田方が、双方共味方につけようと宣撫工作に力を入れた特殊な地域であったと思われる。

その頃、武田家が売りひろめ、全国に行きわたっていた（これもおそらく忍者組織の一部であろうと推理しているが）信玄目薬という眼病の特効薬があり、武田家の専売であった。

武田家は、作手の農民に信玄目薬の製法と販売権を与えていたとの地元の伝承がある。であるから、もし合戦になれば、住民は当然、味方につくと武田方は思い込んでいたらしい。この誤った思い込みが、織田・徳川軍の野戦陣地の機密保持につながり、武田軍の牛久保城攻撃の迂回作戦の失敗につながったのである。

柳田地区の農民たちが、信長軍に徴発され、乾堀と身がくしの構築に協力したことに関しては、筆者は成り行き上、どうしようもなかった行動であると思う。

五万人に近い武将兵士を従えて、進駐してきた信長の言うことに逆らうことは、一家九族の皆殺しを意味する。

そして奥平家代々の恩顧も、裏切ることはできない。

これは当時のこととしては、当然許されることであった。

しかし、敗れた武田方のうらみは深かった。その一例として、丸山彭先生の「長篠合戦余話」の中に、新城市川路の伊東謙一郎氏の伝承による談話として、甘利《あまり》郷左衛門信康の立《たち》腹切りの話が記載されている。

甘利郷左衛門信康は、武田軍の有名な武将で、鉄砲隊を総括していた、鉄砲戦術の大家であった。

武田軍に仕寄《しよ》り（敵陣に肉迫する場合）の際、防楯とする竹束（後述）は、甘利家の考案したも

柳田地区にのこる甘利信康「立腹切り」の碑

のといわれている。

武田軍の敗軍が決定的になり、退《の》き貝が鳴り響いたとき、甘利信康は、戦線の中央近く柳田前の激戦地で戦っていたが、乾堀にはばまれ、身がくしの牆壁を突破できず潰滅状態におち入っていた。

信康は、柳田地区の宣撫工作に尽力した人だけに、信長軍に協力して堀や身がくしを作った柳田の住民達を怨んだ。

この堀さえなければ、この身がくしこそなければと、柳田の庄屋をつとめていた段蔵《だんぞう》の屋敷の門扉に寄りかかり、柳田は絶対に栄えさせぬと呪いながら、立ったまま切腹したといわれる。

柳田の住人達は、信康の凄惨な最期を気味悪がって、柳田には帰らず、高台の信玄台地に全員が引越したという。

甘利信康の碑は、連吾川の左岸、信玄台地のすそに建てられている。

以上、述べてきたように、織田・徳川軍の野戦築城陣地の内部はもちろん、身がくしも乾堀の存在さえも気づかずに、武田軍は敵陣に突入せざるを得ない状態に追いこまれていたのであった。

武田軍にわかっていることは、決戦場の設楽原が湿地帯で、大勢の兵士に踏み荒らされれば、泥濘の海になるであろうということ。決戦場を北から南に流れている連吾川が、梅雨期の増水により川幅がひろくなり、徒歩《かち》で渡れば、甲冑や着衣や武器が濡れて重量が二倍、三倍になり、携帯する鉄砲用焔硝もしめりやすいということ。

そして、五月二十一日、夜明け（六時頃）、朝もやの中、敵陣地の馬防柵の前に掘られた乾堀が、大きく口をあけているのに気づいたのである。

乾堀は、二十四町の敵陣地前に掘り巡らされ、推定では、幅二間（四メートル弱）、深さ二間近く（四メートル弱）、堀の底には、削いだ竹杭《くい》など植えた場所もあったかもしれない。

たぶん、多少の水だまりもあり、堀におちた場合、泥土にすべって、這い上がれなかったと想像する。

堀の後方に見える馬防柵を引き倒すために近づいた金掘り衆は、朝霧と砲煙の目かくしにさえぎられ、乾堀に墜落した者も多かったであろうし、這い上がって、銃眼から狙い射ちにされ命をおとしたであろう。

金掘り衆が柵を引き倒す場合、投げ熊手という道具を、数人または数十人で使用する。

投げ熊手は、四方に張り出した錠《いかり》型の頭部に一尺五寸ほど（約四十センチ）の四角棒状の脚がつき、脚の末端に縄をつける丸鉄環がついた鉄製熊手で、長い縄をつける。

使用法は二通りあって、まず一つは熊手を分銅代りに、脚についた縄を三、四尺のばして、空間でたてに振り廻し、加速をつけて、目的物に投げてからませ、遠くから縄を引いて、多人数で引き倒す。また高所に投げあげて引っ掛け、登る。

第二法は、四尺ほどの、節《ふし》をとりのぞいた竹筒に、投げ熊手の脚を筒の先端にさしこみ、竹筒の下の方を双手で握る。

この時、熊手末端につけられている長い縄は、竹筒の先端から外に出し、ゆるやかに巻いて地上においておく。

竹筒を後方から前に大きく弧を描いて振り、熊手を飛ばし、柵の横木に熊手の鈎をかけて、多勢で力を合わせて引き倒す。

十間～十五間（二十～三十メートル弱）は狙いたがわず飛ばすことができる。

金掘り衆は、設楽原の突撃路の深田や泥濘地域には、丸太を敷き並べたり、板を敷き並べたかもしれない。

次に考えられるのは、敵陣地前の連吾川の徒渉である。川を歩きわたることが、その後の戦闘に不利になることを思えば、おそらく武田軍は、簡単な橋を架《か》けたことと思う。附近は禿山が多かったと言われているが、丸太や板は現地調達と運搬で間に合ったに違いない。

二十四町の間、多くの架橋が試みられたと思うが、いかがであろう。

そしてこの連吾川に架設された仮橋は、前進をはばむ乾堀を渡るために、流用されたものもあったのではなかろうか。

武田軍の中備え、真田、土屋、一条の諸隊は、屍骸の山を築きながらも、乾堀をわたり、一の柵を破り、身がくしをのりこえ、乾堀をわたり、二の柵まで迫り、狙撃されて戦死したと記述されている。

乾堀をいったいどうして渡ったか？

筆者は、連吾川に架した仮橋を、乾堀を越え渡るのに流用したのではないかと推理している。

この推理によれば、武田軍の金掘り衆の犠牲は最も多く、そのほとんどが、突撃路を確保するために潰滅したのであろうと推理している。

竹束と「うし」と石子楯

武田軍の将、甘利家の臣、飯田某の研究創案の攻具といわれる竹束は、まことに便利な防禦具である。

第一に制作費が安いこと。第二に運搬、移動が容易であること。円筒形なので地上を転がして運べること。第三は、油と投たいまつで焼かれる恐れがある場合は、泥土を表面に塗って燃やされるのを防ぐ。第四は、横にねかせて地上を転がせつつ、竹束のかげを匍匐《ほふく》して進み、垂直に立てて竹束に半身をかくし、右横から敵を狙撃するか、「うし」あるいは「わく」と呼ばれる竹製や木材製の三角筒形の台に、竹束を三本か四本立て並べて身がくしとする。

「うし」(わく)は三角筒型で、青竹や貫《ぬき》でつくった軽量なものなので、竹束と同様、地上を押し転がして運搬できる。

「うし」には、下に車をつけたのもある。

さて、竹束の防弾効果と作り方について記述しておく。かつて某テレビ局で、四センチまたは五センチ直径の青竹を、二メートルほどの長さに切りそろえ、四、五箇所を藁縄《わらわな》で固く縛りかためて、竹束をたくさん作ったことがある。

この竹束を立て並べて、十匁鉛玉（直径二センチ弱、黒色火薬四～五グラム使用）で、いろいろな距離から実射して、防弾効果を実験したことがある。

武田軍の仕寄具「うし」と竹束

驚いたことに、スタッフの期待に反して、十匁弾丸は、近距離からでは、あっけなく貫通してしまう。外面に命中しても、すべりはずれず、竹を砕いている。これは竹束の本当の作りかたを知らぬ人たちの実験である。

防弾に最も効果のあるものは、柔らかく凹《へこ》む鉄の厚板がよいのは当然である。

固い鉄板は、ひび割れて貫通することがある。防弾効果を増大させるためには、固いもの、柔かいもの、固いもの、柔かいものと、交互に順序よく重ね合わすのが、最も効果があるといわれている。

武田流軍学では、道明寺（餅）ほどの柔らかさの粘土《ねんど》に小石を交ぜ合わせて、古布でよく包み、径四十センチほどの円筒型にし、その円筒の周囲を径十センチほどの青竹で包みめぐらせ、円筒の五、六ヶ所を藁太縄で三、四重に巻き固める。

竹束は径六十センチほど、長さ二メートルほど。

外観は竹の束であるが、内容の中心部の四十センチ近くは、小石をたっぷりとまぜた柔らかい粘土である。

現在実在するかどうかわからないが、新城市の「設楽原をまもる会」（今泉正治会長）の会員の方々に、武田流の竹束を古式通りに制作していただき、古戦場に飾っていただいたことがある（一〇七頁写真参照）。

次は防弾のための攻具である、「石子楯」について記述しておく。

竹束に依って銃撃する武田軍の再現

石子楯という攻具は、下面を丈夫な厚板、四面を丈夫な格子の衝立《ついたて》で組み立てた木箱に、丈夫な車輪が四つ付けられた箱である。蓋《ふた》は不要。

箱の中に格子の目より大きい石塊をつめ、敵に近づく時、車を押して車のかげに身をかくして進み、銃を放ち、攻め寄せる。

石塊が防弾用で、敵陣地まで容易に侵入できる便利な攻具で、製作費も安くできる。

ただし、石塊を満載してあるので、重量があり、泥濘の中や、雪の中では使いにくい。

設楽原戦で使用された記述がまったくないのはぬかるみの低湿地で、多人数が踏みこめば、泥濘となり、石子楯は使用できないことが事前にわかっていたからだろう。

設楽原合戦で武田軍に使用された攻具としては、竹束と「うし」だけであったと思う。

天候に恵まれた強運の武将信長

戦闘の勝敗は、天候に左右される。戦闘が終わり、その結果と天候を合わせ考えてみて、幸運か不運か、はじめて判定が可能である。

設楽原合戦の場合、その結果から、天候が織田・徳川軍に幸運をもたらしたと、筆者は判定せざるを得ないのである。

織田・徳川軍のほとんどが（一部は二十日夜半やっと参集した部隊もあった）着陣したのは五月十七日で、十八日、十九日、二十日の三日間、鉄砲構えの構築にあたった。

十八日、十九日は雨が降ったり、くもったり、薄日がさしたり、梅雨空特有の天候であり、二十日は豪雨であったと、古文書は伝えている。みの笠をつけての野戦陣地構築は、乾堀を掘る、馬防柵をたてる、土塁（身がくし）を築く……そのいずれの作業も、足元がすべり、困難をきわめたことは、実体験でよく理解できた（平成四年七月十一日、設楽原古戦場の激戦地に、信長の鉄砲陣地、堀、柵身がくしの三段構えを、筆者の考証通りに構築したのである。当日は、四百十七年前の五月二十三日、決戦の日の二日後にあたるのであるが、決戦前日と同じく降雨に見舞われ、雨中の陣地構築の労苦を身をもって体験できたことの幸せに感謝している。筆者は、烏帽子、籠手、佩楯、臑当、陣太刀の小具足姿であったが、具足下着まですぶ濡れで、寒さにふるえた）。

しかしこの三日間の降雨は、織田・徳川軍には、思いもかけぬ幸運をもたらしたのではなかったか、と筆者は推理している。以下、六つの推理を列記する。

一、降雨のために視界がぼやけ、乾堀の構築と、身がくしの銃眼が、武田軍にはもちろん、遠くから伺う武田軍のスパイにも見えなかったであろう。

加えて鉄砲隊、弓隊の厳重な警戒によって近づけず、武田軍は乾堀の存在と銃眼の存在に気づかなかったと推理する。

二、降雨のため土がしめり、乾堀は掘りやすかったし、掘った土を後方に運び、土塁を築く場合、土がしめっているので積みあげるのに好都合であった。その上、二十一日の早朝、雨があがり、土塁の土は、しっかりと固まり丈夫な身がくしとなった。

馬防柵の根元も、しめった泥土の中に打ちこんであり、土が乾くにしたがって固くなり、柵の丈夫さが増加したと推理される。
三、掘られた幅二間（四メートル弱）、深さ二間近い（四メートル弱）乾堀に、雨水がたまって、堀底の植えた竹槍穂（太い青竹の先端を斜めにするどく削いだもの）は、たまり水にかくれて見えず、しめった堀のふちの壁はすべって、堀に落ちやすく、這い上がるには難かしかった、と推理される。
四、両軍の間を流れる連吾川の水量と水流は、連日の雨で満水し、川幅は四間ほどになり、かなり強い勢いで流れていたと推理される。
また、武田軍、ことに武田の鉄砲隊は、連吾川を徒歩渡渉したとは思えない。雨水で増水し、水勢が強いことも、もし徒渉すれば、どの程度濡れるかということも、事前の禎察でよくわかっていたであろう。武田軍は、金掘り衆が、数十ヶ所に簡単な板橋か、舟橋（浮橋）を架け、橋をわたって進んだであろうと筆者は推理している。
五、決戦の前日、夜半まで降りつづいた豪雨は、低湿地帯の設楽原の水田を水びたしにし、水田に足をふみ入れれば、ぬかるみ、ひざまでぬめりこむ泥濘の泥沼の如くであったと推理している。決戦の二十一日朝、雨はやんだが泥沼化した畑地や、水びたしの深田の中を、ぬかるみに脚をとられ、すべり転びながら、重い具足を着用し、竹束や楯を押しすすめつつ、重い鉄砲を射ちながら、這《は》うように敵陣地に肉迫する武田軍。

古文書にも「畦《あせ》のうえを匍匐して前進した」と記録してある。

連吾川の増水と水勢と、設楽原一面の泥濘は、武田軍の肉迫攻撃と、戦闘体形と行動を、いちじるしく妨害した。

疾《はや》きこと風の如しとか、一糸乱れぬ陣容とたたえられた武田軍の団体行動は、ここ設楽原の場合は、まったく不可能であった……。それを怒涛の如き一斉突撃と定説では表現しているが、突撃などと言えるスピードのものであろうはずがない、と筆者は推理している。

そして武田軍の行動の不自由さと、乾堀の存在に気づいて狼狽《ろうばい》し、釘づけになったことが、身がくし(土塁)の銃眼に、銃を構えて待ちかまえる織田・徳川軍の狙撃(ねらいうち)を、いやがうえにも容易にした、と筆者は推理している。

六、天候が織田・徳川軍に幸いした最たるものは、決戦の日、五月二十一日早朝、連日降りつづいた雨がやみ、晴れたことであった。

ここで筆者は貴重な紙面をさいても、雨風と火縄鉄砲について説かねばならない。

火縄鉄砲の弱点の一つに、水と雨と風（ことに烈風と向かい風）に弱いということがある。霧雨程度なら差し障りないが、はげしい雨の中では射ちにくい。

犬皮製うるし塗りの雨おおいと呼ぶ小函《こばこ》を火皿と火縄挟みの上にとりつけて射つ方法もあるが、爆風が真うしろに吹きつけるので、狙って射つことは危険である。腰だめで射つことしかできない。雨おおいは発射で吹っ飛ぶことはまったくない。

外被や、マントの背中の部分を頭から前にかぶせかけて、その下で装薬、装弾し、外被やマントを背にはねのけて、狙って射つ方法もある。

しかし数発射っているうちに、火皿の火蓋を開いた（火蓋を切るという）時に、雨の一滴でも火皿の穴（火口といい、この上に起火薬を盛って発火させる）の上の起火薬上におちれば発火しないので射てなくなる。

そのため、火蓋を開いて間髪を入れず引鉄をおとし、火縄の火を起火薬に点火させねばならぬ。右手だけで火蓋を切る動作と引鉄を引きおとす動作を素早く行い、しかも狙い射つことはできにくいので、糸を火蓋のつまみに結びつけ、糸の端を左手の小指にまき、左手の小指で火蓋を切る（糸切りという）という、難かしい技術で射つこともある。

ともかく、雨の日には、火縄鉄砲は射ちにくい。信長は用意周到な人だったらしいから、身がくしの上に、簡単な雨よけの屋根をつけていたかもしれぬが、ひどい雨の日は、火薬も湿ってくるし、薬量も多くこめねばならぬ。火縄だけは降雨の中でも消えない軍陣用雨火縄が、この時代から用いられていた。これは木綿のくるみ紐を藍染めにし、五倍子粉《ぶしのこ》に漬けこみ、硝石液で煮こみ、乾燥後、和蠟を表面にすりこみ、雨水をはじくという工夫である。

しかし、豪雨であれば、鉄砲は射ちにくい。不発も出やすいし、火口や銃口に雨水が入れば、拭いとらねばならぬ。

もし、天正三年五月二十一日、設楽原決戦の当日、土砂降りの豪雨であったと仮定すれば、勝敗はいかがであったであろうか?

推理の七は、天候に関係のある朝靄《もや》である。

平成四年七月十一日早朝、筆者は人気《ひとげ》のない設楽原古戦場に行ってみた。

前日は雨で、当日は晴である。四百十七年前と同じく梅雨どきで同じような条件である。

そして設楽原一面に立てこめた白い紗幕《しゃまく》のような朝霧である。

決戦当日も、濃い朝霧の中で、開戦の火蓋が切られ、攻撃する武田軍を不利に導いた。

事前の敵陣地偵察がまったくできていないかった武田軍には、馬防柵だけであると信じられていて、乾堀の存在や、身がくしの存在、銃眼の存在など、思いもよらぬ防備であったし、濃い朝霧の中を突撃した武田軍の第一陣は、ほとんど乾堀に雪崩《なだれ》落ちて動けなくなったであろうと推理される。

これは決戦の火蓋を切った山県三郎兵衛尉昌景隊が、大久保隊が守る松楽寺前の鉄砲構えに突撃した緒戦の場合である。

決戦の日は、やっと晴れたが、連日の雨で水量を増した寒狭川、豊川の激流は、武田軍の退却をはばんだ。

橋から落ちて溺死する者、断崖を踏みはずし転落溺死する者、長走、岩代、鵜の口などの浅瀬を渡って退却しようとした者でさえ、溺死した者がかなりの数であったことが、古文書に記載されている。

雨は武田軍に不利をもたらしたとも言えるのではあるまいか！

第3章 設楽原合戦の現場検証

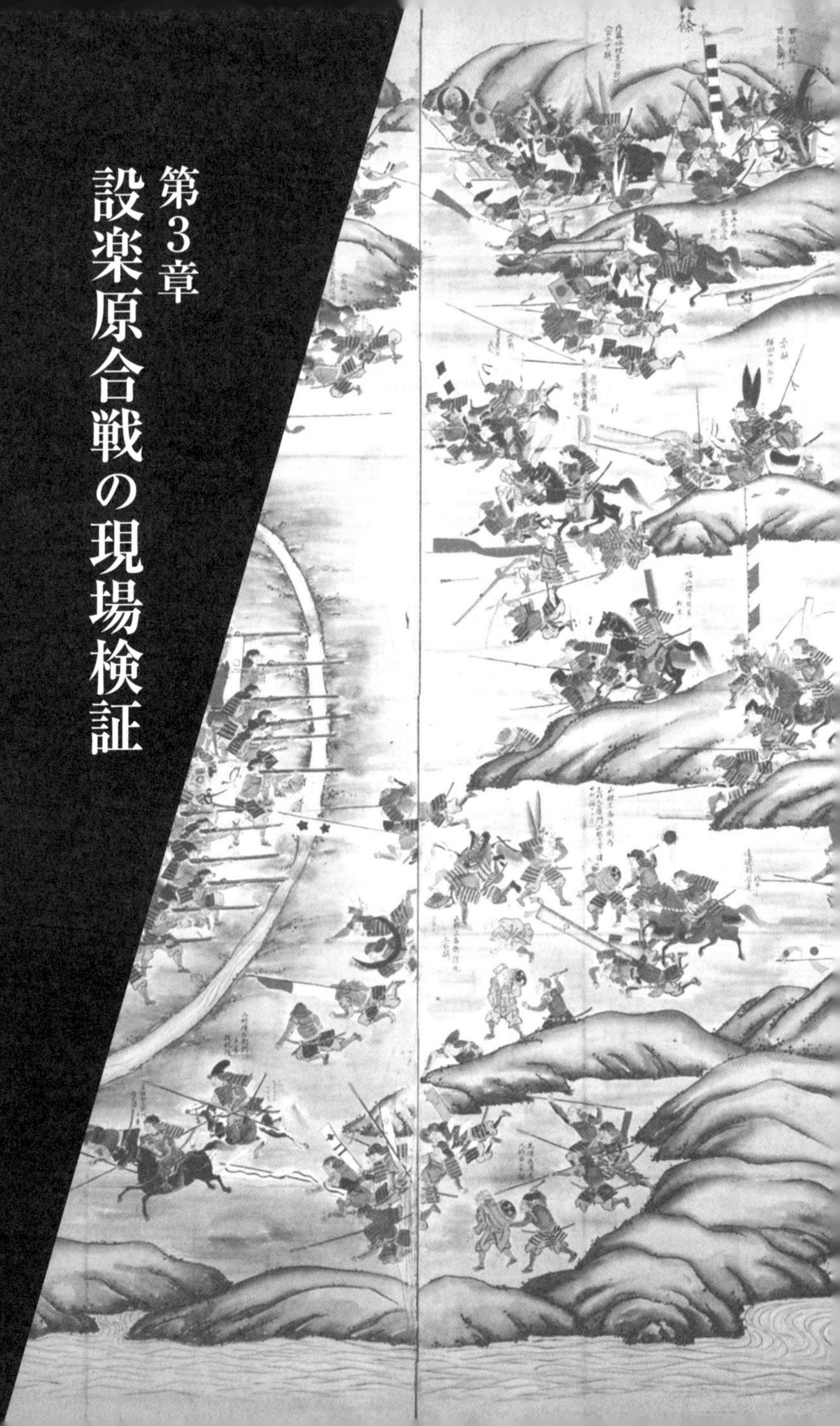

記録にない宝川合戦

設楽原の戦いの謎の一つに、織田・徳川軍は大規模な迂回作戦で、鳶ヶ巣城を夜襲したのに、武田軍はなぜ迂回して敵の背後から攻撃することを考えなかったか、ということがあげられる。倍以上の大軍であろうと、正面に馬防柵を連ねようと、背後に廻りこめば、武田軍の勝利に終わったであろう。

じつは、武田軍は小規模な迂回作戦を試みて失敗している（後述する宝川合戦）。大規模な迂回作戦ができなかった理由はいろいろ推理されるが、以下のような理由によると思われる。

まず、織田・徳川軍の陣地を正面から攻撃する本隊から、大規範な迂回部隊を割《さ》くことができなかったことがあげられる。

古文書の記録するところによると、織田・徳川軍の兵数を、五万余りまたは三万としたものもある。

武田軍の兵力は二万七千余り、または一万五千としたものもある。

筆者は両軍の兵力は確証できないが、三対一くらいの割り合いが正しいのではないかと思う。

なぜかというと、織田軍の雑兵は金銭でやとわれた足軽と称する傭兵《やといへい》であって、時期を選ばず戦闘に参加できる。

武田軍の下級武士は農兵であって農民兼の雑兵である。梅雨期に入れば農民は、田植えの時期で最も多忙な時期であるから、兵力を維持することが困難な季節である。

大軍を擁《よう》した織田・徳川軍が野戦築城し守備する側に廻り、三分の一の小勢である武田軍が攻撃する側に廻るのであるから、迂回作戦部隊に、多くの兵力を割くことができなかった。正面から三倍の兵力を攻撃するためには、一兵でも欲しい情況である。最少限度の小人数で、迂回奇襲作戦を企画したのであろう。

しかしたとえ小数の兵力でも、武田軍の精鋭が、敵の背後に廻りこんだと仮定すれば、織田・徳川軍は、あるいは敗走していたかもしれない。迂回作戦の奇襲に武田軍がもっとウエイトをかければ、あるいは成功したかもしれなかったのに、そうしなかった理由は次のような実状があったと思う。

過去から現在までの戦力の評価は、武田軍は強く、織田・徳川軍は弱兵ぞろいであるといわれてきた。現に設楽原でも、三倍の兵力をそろえながら、攻撃しようとはしないで、守備する態勢にある。たとえ三分の一の兵力でも、士気旺盛な武田軍が、馬防柵めがけて突入すれば、怖れおののいている織田・徳川軍は、ひとたまりもなく敗走するに相違ない。これを追跡して悉《ことごと》く討ちとることは、いとたやすい。

馬防柵正面からの攻撃による、織田・徳川軍の全滅のときは、もう数時間後に迫っている……という、武田軍の思い込みと自負がわざわいして、迂回作戦を是が非でも成功させねばならぬという、必死の意気込みに欠けていたのではあるまいか、と筆者は推理している。

なぜならば、武田の迂回部隊は、敵の待ち伏せにあって、引き分けの状態で、双方が軍をおさめ、引き返している。

もし武田軍が全軍の運命を、この迂回作戦に賭《か》けていたのであれば、全滅するまで戦い、引き上げはしなかったであろう。

全滅状態になっても小数の兵が生き残り、敵の背後に廻り込み、大荷駄・小荷駄に火をかけ、攻めたてれば勝っていたと思う。

次に、武田軍が織田・徳川軍の背後に廻り込む迂回作戦の地形から論じるならば、南方の豊川を渡り、西方に進み、再び豊川を南岸から北岸にわたり、大きく北に迂回して敵の背後に出ればよいのである。

しかし豊川の南一帯は、設楽貞通《したらさだみち》が豪族として勢力を張った地帯で、設楽貞通が織田・徳川に加勢しているので、武田軍が通行できない状態であった。

現に五月二十日夜、酒井忠次の指揮する織田・徳川軍の迂回作戦部隊四千名が、設楽貞通の案内で、豊川南岸を東に進み、鳶ヶ巣城を攻めている。

南廻りが敵の勢力圏で通れないとすれば、北方から迂回する地形はいかがであろうか?設楽原の北方地帯は、小丘陵と小山が多く道は細く狭く、大軍の移動は困難であったと推理される。

織田・徳川軍は、それらの小山の上に、布陣したり、見張りを置いていた。視界をさえぎる樹木のない禿山が多かったという。もし武田軍の迂回部隊が通れば、昼間はもちろん、夜間であっても、発見されやすく、捕捉されやすい。

作手《つくで》高原の地形の複雑さは、武田軍の迂回作戦に決して有利ではなかった。

この合戦は「宝川合戦」として、『三河国軍物語』に記録されているが、徳川方の記述のせいか、いたって簡単である。人数や鉄砲数などの記載もなく、行路の困難さも書かれていない。

しかし宝川合戦は、結果から推論すると、武田軍にとっては勝敗を分ける、重大な作戦であったといえる。

天正三年五月二十日、設楽原決戦前夜、武田勝頼の命により、作手《つくで》亀山城にあった甘利信康の留守部隊と、作手宮崎砦にあった浦野幸久《うらのゆきひさ》の留守部隊によって編制された奇襲部隊の攻撃目標は、牛久保城であった。

牛久保城は、織田方の牧野右馬允成宗の居城で、この時は、丸毛《まるも》兵庫頭長照と、福田三河守真久の留守部隊が、城を守っていた。

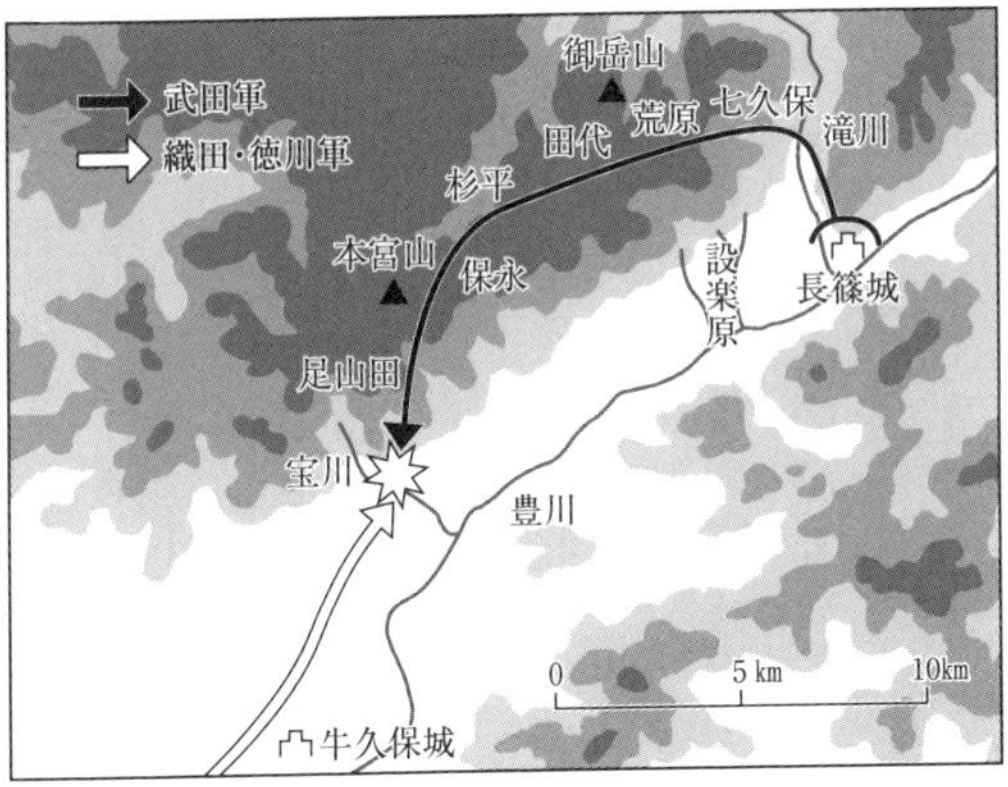

宝川の合戦における両軍の進路

二十日深夜、雨を衝《つ》いて暗闇の中を進発した迂回奇襲部隊は、まず北進して、横山、滝川を通過し、西南方に進み、七久保、荒原、杉平、見代、保永、和田を経て、南下して本宮山に、さらに南下して、現在の宝飯郡一宮町にある上長山をこえた。牛久保城までの全行程の四分の三の地点、宝川の西方であった。

迂回部隊は突然、敵に急襲された。まったくの不意討ちであった。優勢な織田・徳川軍の待ち伏せに、さすがの武田軍も支えきれず西方の足山田方面に崩れ逃れた。かくて牛久保城奇襲攻撃を断念した武田軍は、兵をおさめて引き返した。

この待ち伏せは、作手高原がもともと長篠城主奥平氏の領地であり、奥平、織田に恩顧のある領民が多く、武田軍の迂回作戦に気づいた領民が牛久保城に急を告げたことによる。

丸毛・福田の両将は、通報を受け、天の与え給うところと喜び、待ち伏せして不意討ちにしたのである。

宝川合戦は二十日夜半二時頃と推定される。この時刻、織田・徳川軍の鳶ヶ巣城奇襲部隊四千名は、雨を冒して設楽原を出発していた。

正《まさ》に息づまるような劇的な推移である。双方が、敵の背後に迂回して敵城を奇襲し、大荷駄、小荷駄を焼き払い、腹背二方から攻撃すれば、勝利疑いなしと計をたてたにもかかわらず、武田方は不幸にも密計がもれて失敗し、織田・徳川方は幸運にも成功したのである。

二十一日の夜明け前、四時頃か、鳶ヶ巣に鯨波《ときのこえ》あがり、火焔天を焦す事実に推移する。

この時、武田勝頼は清井田の本陣にあった。鳶ヶ巣までの直線距離はわずか五、六町しかない。朝霧のたてこめた中でも、事態は手にとるようにわかったはずである。

鳶ヶ巣城が陥《おちい》り、その附近に点在するすべての砦が焼かれたとすると、甲州から運んできた大荷駄、小荷駄は焼かれてしまったに違いない。一万余の武田軍は、各自が携帯している口糧（食糧）ではおそらく二日分か三日分しか生きられないのである。

織田・徳川軍の背後にある牛久保城を奇襲するべく昨夜出陣した迂回部隊の奇襲成功の勝報を

待って、馬防柵へ突撃する予定であったが、いまだ報告は入ってこない。

事実は午前二時頃、宝川での待ち伏せにあった武田軍は、奇襲を断念して引き上げていたのであるが、勝頼本陣には報告が遅れていたのである。

鳶ヶ巣城が敵手に渡れば、武田軍は前後、腹背に敵をおくことになるし、糧食もなしでは滞陣することもできない。前進して敵を突きくずす以外に生きる途はないのである。

武田軍諸将の意見と決意は一つにまとまらざるを得なかったであろう。

そして開戦の時も、もはや待てないぎりぎりの時を迎えたと悟ったのであろう。

しかしこの瞬間、設楽原合戦の勝敗は、決定したと言うべきであった。

なぜかというと、今まで必勝不敗を誇った武田軍の常套《じょうとう》手段である、敵陣の精密な調査を行っていなかったことである。

織田・徳川軍は十八日、十九日、二十日の三日間の陣地構築期間、鉄砲隊、弓隊を監視につけて、偵察に近づく者は一人のこらず射殺して防諜の完璧を期したのである。

二十日深更から日の出前まで、勝頼は、小幡大膳亮に命じて、八剣山（新城市竹広弾正山）の敵陣地を偵察せしめた。

大膳亮は命を奉じて天王山（新城市八束穂信玄）をくだって敵陣をうかがったが、暗くて偵察できないので、傍《かたわ》らにあった大きな家屋（住人は避難して人気はない）に放火させ、その火光で敵陣を望見しようとした。この時、監視中の徳川軍内藤金一郎家長らが大膳亮を発見して銃撃を加えた。弾丸は命中せず、大膳亮は危ないところを逃れかえり、警戒が厳重で偵察の不可能を報告した。

勝頼は怒《いか》って再び偵察を命じたので、大膳亮はやむなく再び敵陣に近づいたところ、銃撃されて二弾受けて傷つき、従者にたすけられてやっと夜明け近く、本陣に帰投した。

小幡大膳亮は勝頼に、攻撃の中止と、敵から討って出るのを待ち受けて戦うよう、諫言《かんげん》した。勝頼も諸将も迷ったに相違ない。

もしこの時、武田軍が馬防柵に突入することをやめ、織田・徳川軍の出撃をまって、戦端をひらいていたと仮定すれば、勝敗はどうなっていたかわからない。しかしこの瞬間に、鳶ヶ巣城に運命の火柱がたち、奇襲部隊突入の鯨波《ときのこえ》があがった。武田軍の命運は尽きた。

鳶ヶ巣文殊山城への奇襲の時刻

鳶ヶ巣文殊山城と、それにつけられた数々の武田軍の砦を奇襲した酒井忠次率《ひき》いる夜襲部隊四千名が奇襲をかけた時間と、すべての砦が陥落した時刻に、二通りの記述がある。部隊が出発した時刻は、五月二十日夜八時と、いずれの記録も一致している。

「悉く是を陥す」という時刻が、太田牛一の『信長公記』には、「二十日午前八時、取りあげ……」と記述されている。

設楽原合戦の始まったのは、二十一日未明午前六時と記述してあるので、設楽原合戦が始まって二時間以上たってから、鳶ヶ巣とその附近の砦が陥落したことになる。

他の古文書の記録では、すべての城と砦の陥落した時刻を、設楽原開戦以前の二十一日未明とか、暁天としている。

他の古文書とは、『長篠日記』『三州長篠軍記』『当代記』『武徳編年集成』『三州長篠合戦記』（阿部本）などで、いずれも、真夜半の奇襲と表現し、

「前後も知らず眠入りたる所に、物音に目覚めれば、火焔盛んに燃え上がり、煙の下より敵軍伐《き》って入る。かく油断なしたる事なれば、大小周章して上を下へと狼狽《ろうばい》するを、身方得たりと討てまわる」

と記述しているのが真実であろう。真夜半の奇襲であったから成功したのであって、朝の七時や八時では、考えられぬことである。戦果は武田軍の首二千余。徳川方三百余戦死。

前後の結果から推理して、この夜襲は真夜半に始まり、夜明け前に終わったと推理する。食糧を焼かれ、輸送用の馬を切り放され、腹背両面の敵（織田・徳川陣営と長篠城）に囲まれた武田軍の生存する道は、進んで前面の馬防柵のかげにひそむ連合軍を突き破る以外、とる方法がなかった。軍議は総攻撃と決定せざるを得なかったのである。

普通、守備する方と攻撃する方の兵力は、一対三といわれている。

しかるに、設楽原の場合は逆である。

守りを固めて動かない方が五万、攻める方が三分の一の一万五千名。

鉄砲の数量も、三千挺と千五百挺と逆。

信長軍は岐阜城を発して設楽原北方の牛久保城に入るのに十日間も要した、のろのろ行軍。これでは戦意昂揚とは思えない。

戦場は帯状の二十町×二十四町という狭い低湿地帯。水田の多い凹んだ土地に馬防柵のつもりか、柵をつけた陣地づくり。

そして陣地にひそんで守りに徹している連合軍。しかし警戒はまことに厳重で、陣地に近づけば、昼も夜も銃弾が飛来して、偵察はまったく不可能である。

このままでは膠着状態で戦線に動きはない。この状態を打開するために計画された迂回作戦であった。しかも両軍とも同じ計画を、同じ夜に行うという偶然さは劇的である。

武田軍武将の戦死が多い理由

設楽原銃撃戦における、武田軍武将の戦死者が意外に多いのは、他の合戦に比べると稀有のことである。

武将の周囲には、馬廻り衆とか、御旗本、小姓組、お使い番（伝令役）など警固の者が大勢いて、主人の楯になって、主人を護る。武将が雑兵にまじって、最前線に出ていくことはめったにないことである。

武将は後方にあって、戦線を見透かし、その推移によって、采配、軍配団扇、旗などを振り、陣形の変換、進退など、駆引きを指揮する。部隊が大きくなり、距離や地形で、号令が聞こえなくなり、合図が見えなくなると、戦場用の指揮用具である鳴りもの、陣太鼓、陣貝（ほら貝）、陣鐘などの音響で、前線の兵を自在に動かし、戦闘を戦術通りに進めていくものである。

また、武将は鉄砲の射程距離には、よほどのことがなければ入らぬものである。鉄砲の名手がいて、狙撃されることを警戒してである。

しかし設楽原合戦では、予期した以上に、数々の予想外の事態が発生したのである。

その第一は、織田・徳川軍の陣地が、馬防柵だけのものでなかったことである。乾堀と身がくしの銃眼にまったく気付かなかった武田軍は、馬防柵など問題にしなかった。

野戦のつもりで攻めかかって、これは野戦ではない、攻城戦であった……と愕然としたのである。『甲陽軍鑑』中にも、「さながら城攻めの如くにて……」と、はっきり書きのこされている。

元来、甲州流軍学、武田家の兵法は、有名な八陣の構え、すなわち、魚鱗、鶴翼、長蛇、偃月、鋒光矢、方円、衡軛《こうやく》、雁行など、一糸乱れぬ統制のもとに、陣形変化を行いながら、車がかりの戦法、両がかりの戦法、手詰がかりの戦法などで、敵を斬りくずし突きくずしていく。いずれも野戦に有利な戦法で、どちらかというと、武田軍は、攻城戦に特にすぐれているわけではなく、野戦が得意である。

であるから、織田・徳川軍は、設楽原に野戦築城を強行して、武田軍を攻城戦に誘いこんだのである。

予想外の事態の第二は、満水した水田の多い低湿地帯の設楽原を進撃する部隊が踏み荒らし、こね返したため、敵陣地前が、泥沼さながらの泥濘の海原に化したことであった。

泥濘に脚をとられ、すべり、転倒し、武田軍の進撃は、疾《はや》きこと風の如し……という迅速さとはうらはらに、のろのろと這い進むという緩慢《かんまん》な動作になってしまった。

そのうえ正確無比な日頃の陣形をとることもできなくなり、進撃の形状は乱れに乱れ、統一行動のとれない烏合の衆さながらの状態におちいってしまった。

第三の異常事態は、鉄砲の轟音と硝煙であった。

轟音の中では、号令も鳴物による命令伝達も不可能である。硝煙の目かくしで合図や手振り身振りは全く見えない。

使い番（伝令）による命令伝達もできないとなると、指揮系統は完全になくなってしまう。前線の兵士たちは、もはや統制もなく、個人個人の意志だけで動いているだけである。

指揮する武将が、兵士たちを掌握しようとすれば、前へ出て行く以外、方法はない。

こうして、武将たちは、最前線に身をさらすことになってしまった。

部下の兵を死なせないためにも、適切な指揮をとるためにも、それ以外の方法がなかったためである。山県昌景をはじめ、十数名の武将が設楽原の硝煙の中で銃弾にたおれたのは、予期せぬこれらの異常事態によって、必然的におこった悲劇であったのである。

友軍部隊の壊滅を誤認させた硝煙

北九州市小倉にある小倉北高校、旧名では小倉中学校は、筆者の出身校である。大正時代の末期、小倉中学校の配属軍事教官として、明治・大正のドキュメント戦争文学の最高峰であった『肉弾』二巻の著者である、桜井忠温陸軍少将がおられた。数発の敵弾が摘出できぬまま、腕と脚が少々御不自由であった。

日露戦役旅順要塞、二〇三高地攻略戦の体験談を伺いたくて、たびたびお宅に参上した。数十年後、設楽原合戦の研究を始めて、桜井閣下の体験談と、あまりにも状況が似ていることに気づいて、愕然とした。

旅順要塞で、日本軍が最も苦しんだ防禦物は、幅がひろく深い乾堀と、堀の背後にそびえ立つ厚いベトン（陶用の素地土《コンクリート》）の壁と、壁に並んでいる銃眼であったという。

その銃眼から、当時の日本軍にはなかった連発の機関銃の銃口がのぞき、何とかして、堀を渡ろうと試みる日本兵を猛射し、堀が日本兵の戦死体で埋まったという。

堀の中の屍体は、ロシア兵がガソリンを散布して火をつけ焼いて灰にして、日本軍を待ちかまえていたという。

太綱をつけた竹梯子や、種々な工夫で、堀を渡ろうとしたが渡れなかったのは、やはり目の前の銃眼の機関銃であったという。

そして桜井閣下のお話で、筆者を驚かせたことは、攻城の日本軍と、防禦するロシア軍、彼我の射つ銃の硝煙で、戦線がまったく見えなくなり、喚声と銃声が聞こえなくなり、しーんとしてしまい、やがて硝煙がはれると、日本兵の戦死体が堀端に黒く（当時の日本軍は黒い軍服に黒い帽子であった）帯状に望遠鏡によって見えたという。

この実戦談を、日露戦役より三百三十年前の設楽原合戦に置きかえて見ると、武田軍がなぜ無謀とも思える死の突撃を、延々八時間にわたって繰り返し、一万人近い戦死者を出したか、という謎が解けるのである。

設楽原は、東西が小高い丘にはさまれた、幅二十町×長さ二十四町の、帯状に細長い低湿地である。

梅雨明けの五月二十一日、久しぶりの晴天で無風状態の設楽原で、織田・徳川軍と武田軍が、局地的であっても、双方必死に鉄砲を射ち合えば、硝煙は濛々と立ちこめて、何も見えなくなるのは、きわめて当然のことである。

筆者の推理によれば、武田軍の一部隊が押太鼓を打ち鳴らし、陣貝と陣鐘を鳴らし、泥濘の中

銃撃による白煙で武田軍は戦況を把握できなかった

を静かに進撃をはじめる。

友軍は、結果いかにと鳴りをひそめて、様子をうかがう。

竹束、石子詰めの楯を押し進める金掘り衆と共に這うようにして先発の武田軍鉄砲隊が敵陣に近づき、竹束、楯のかげから、猛射を浴《あ》びせる。

数十挺、数百挺の鉄砲の轟音が、天地を圧して、どよめき遙れ、遠く近く木魂《こだま》して、いっさいの聴覚を失わせる。

巻きおこる硝煙は、白く厚く深く濃霧のたちこめる白夜さながらに、すべてのものを包みこんで、何も見えなくする。

戦場の推移は、友軍には何も見えない。

ただ耳をすまして、状況のなりゆきを知ろうとするだけである。

鉄砲の轟音は続けざまにおこり、どよめく。

硝煙の壁は天地を覆い、はれるかと見れば、また、深く濃くなって視覚を失わせた。

やがて、軍陣の音響、喚声、銃声、一切の音という音がなくなり、静寂の天地がもどってくる。

さては、友軍は柵を押し倒し、敵陣ふかく進撃して行ったに違いない、遅れをとるな、陣貝を鳴らせ、陣鐘をうて、押し太鼓を打て、いざ突撃……と、友軍は競《きお》い立つ。

友軍に先陣、一番槍の誉れを奪われるな！　これが当時の侍の相言葉であった。

もし硝煙が流れ消え、激戦地域を望み見ることができたなら、敵陣地前の踏み荒らされ、こね返された泥濘の大地が、鮮血と、るいるいたる友軍の屍体で、ふくれあがっている、目も当てられぬ惨状に気づいたであろうし、無謀な攻撃を変更したであろう。

あるいはこの時点で、敵陣地前の屍の山に不審をいだき、乾堀の存在、身がくしと銃眼の存在にも気づいたかもしれぬが、不運にも硝煙は薄れることなく、いっさいの真実の姿を武田軍に見せることなく、気づかせず、悲劇の殺戮《さつりく》は、延々八時間の永きにわたって繰り返された。これが真相ではないかと、筆者は考える。

織田・徳川軍の戦死者六千人の謎

戦国時代の合戦記録の場合、軍勢の人数、戦死傷の数など、甲論、乙論、種々あって、いずれを取りあげて正しいとするか、なかなか難かしいところである。

定説では、織田・徳川軍の戦死者を、六千人と算出している。おそらくこれは鳶ヶ巣城夜襲の徳川軍の損害三百人を含めての合計と思われる。

しかし筆者の推理では、コルドバ式の野戦築城による鉄砲構え（乾堀・いわゆる馬防柵・銃眼付き身がくし）の内側にひそんで、鉄砲を射っていて、一人も出ていかねば、戦死者が出るはずはまったくない。

『信長公記』に、

「信長御案を廻らせられ、御身方（御味方）一人も破損（死傷）せず候様に、御賢意を加へらる」

また、

「かくの如く、御敵入れ替へ候へども、御人数一首《かしら》も（一人も）御出でなく、鉄砲ばかりを相加へ（補充して）、足軽にて会釈《えしゃく》、ねり倒され、人数をうたせ引き入るゝなり」

と記述がある。武田軍が潰滅状態になり、総退却の合図である引揚げ貝が設楽原に鳴り響いた。

「その貝音陰に響いて物凄く（武田方の）古老泪を流せり。敵（織田・徳川連合軍）は策あるを疑い、暫らく躊躇《ちゅうちょ》して進まず」

と記述してあるが、これは真実であろうと筆者は思う。

そして、土塁はともかく、馬防柵は押し倒して乾堀りに架け渡し、堀に数ト箇所の通路をつけて渡り、人数を集結して、追撃戦に移行したのであろう、と推理している。追われる者と追う者では、その士気に雲泥の差が生じるのは当然であるし、八時間もの戦闘で、武田軍は疲労しているが、織田・徳川軍の将兵は疲労していないし無疵《むきず》である。

追撃戦で織田・徳川軍に多大の戦死者が出たことは、まったく考えられぬことである。

それでは前述の、織田・徳川軍の戦死者六千人という記述は、どこで、どうして戦死したのであろうか。

筆者は、鳶ヶ巣城夜襲の戦死者と追撃戦の戦死者で五百人未満と推定している。そして六千人という数は行方不明の雑兵（足軽兵）の数ではないかと思う。

狭い陣地戦で行方不明ということは、とりもなおさず、敵前逃亡としか考えられない。

勝った織田・徳川軍の足軽が、恐怖のあまり逃亡した……。この筆者の推理を、あり得ないことと思われる読者もあると思う。最前線の銃眼に配置された銃手や薬弾丸込め役は、逃亡と弾丸薬《たまぐすり》の放棄を監視する武者が見張っていて逃亡不可能であるし、戦闘の異常な興奮状態の中に置かれているので、味方に勝目のある場合は、逃亡することはないと思う。

しかし後方で待機している長槍隊の足軽や大荷駄、小荷駄隊の足軽たちは、敵が倒れる場面を見てはいないので、次から次に、間断なく八時間も突撃してくる武田軍の勇敢さと執拗さに、いたたまれぬほどの不気味さと恐怖に襲われたであろうことは想像に難くない。

そのうちに、敵の一部が迂回してきて、背後から襲いかかるのではあるまいか、という危惧も抱いたことであろう。

あるいは追撃戦に出撃する、どさくさに紛《まぎ》れて逃亡した足軽もいたであろう。窮鼠かえって猫をかむという譬《たと》えもある。武田軍の反撃を恐怖したあまりの笑えない敵前逃亡もあったかもしれないと筆者は推理する。

設楽原合戦では、勝者である織田・徳川軍が、武田軍の強さを十二分に認め、むしろ畏敬したと思われる数々の史実がある。

はじめて聞く敗軍の陣貝

陣中で吹き鳴らす法螺貝《ほら》は、陣貝とよばれ、戦場で全軍の進退や陣型の変換などを命令する、重要な通達方法である。

陣貝を携行し、主将の側近にあって、主命を全軍に伝達する「貝役《かいやく》」は、家伝の家系の武士で、あらゆる命令の吹奏を空んじていて、間違いは許されない。

しかし貝役自身も吹奏したことのない、すなわち音に出して自分で聞いたことのない曲譜もある。

それは、退《の》き貝（全軍退却の賦《ふ》である）と、落城の賦である。

この二つの賦は、お家にとって不吉なものであるから、音に出して吹奏できない。

貝役が、楽譜で暗記しているだけである。

天正三年五月二十一日午後二時頃（未《ひつじ》の刻半《なかば》）、設楽原に、高く低く陰に響いて物凄く、むせぶがごとく怨《うら》むがごとくなり響く、武田軍の退き貝の調べに、敵も味方も息をつめて、はじめて耳にする異様な法螺貝の響きに聞き入った。

信玄公の御代以来、武田の家臣たちがはじめて聞く貝の曲調に、古老たちは涙をながし号泣したという。

最後まで鬼神のような奮戦ぶりを見せて、有勢な敵を、恐怖の坩堝《るつぼ》にたたきこんだ武田軍の生きのこり兵士たちも今は傷つき、疲れはてて、のこり少なくなり、御大将勝頼のもとに集まってきたが、鮮血と泥土にまみれた敗惨の姿は、もう戦いつづけられる状態ではなかった。

八時間にわたる心身の消耗《しょうもう》に、全軍総退却の退き貝の響きは、張りつめていた心身を、虚脱状態にした。

どっと崩れて敗走に移った敗残の兵士は、もはや統制のとれた集団ではなかった。われ先に、設楽原の修羅場から離脱しようとする烏合の衆に豹変《ひょうへん》していた。

元来、設楽原に通ずる道路も橋も、よくも数万人の大軍が出入り移動できたものと不思議に思うほど、細く狭い。

退き貝の合図に、武田軍の先陣も後陣も一つになって、どっと崩れ立ったための混乱は、もはやどうすることもできなかったのであろう。

古文献『長篠日記』中に、武田軍敗走の悲惨な情景が、生々しく書きのこされている。敗走する武田軍が滝川（岩代川）を徒歩渡《かちわた》るとき、同勢にもみたてられて動きがとれず、長刀で前を行く味方の首を刎《は》ねて倒し、その屍を踏みこえて渡って行くという有様であった。

滝川に架かった橋は敗走する兵であふれ、後ろから進む兵士に、川中につき落とされ、岩に砕かれ、水に溺れて死ぬ兵士も数知れず、と記述している。

この時、織田・徳川連合軍はどう対処したかというと、『信長公記』には、「前後の勢衆を乱し、追わせられ」と記述しているが、牧野文斉先生の、地元にのこる伝承による説は少々異なる。

また、筆者は、牧野説を加えて、さらに、織田・徳川連合軍の追撃に移るまでには時間がかかり、敗走する武田軍を殲滅することができなかった理由を推理実証する。

牧野説では、武田軍総退却を指令する「退き貝」が、陰々と吹奏され、武田軍に動揺が見られても、牆壁内にひそむ織田・徳川連合軍兵士は、退き貝と気づかず、武田軍が集結するのを望見して、これは、何かの策略で、反撃してくるための移動集結ではないかと疑って、まさか武田軍が全軍敗走するとは思わなかったのであろう、息をつめて望見する有様であった、という意味の表現が、牧野文斉先生の『設楽原戦史考』にある。

織田・徳川連合軍が、武田軍総退却を確認した時、隊伍を乱し追撃戦に移ったかというと、それはあり得ないと思う。筆者は、乾堀・柵・身がくし・虎口《こぐち》（出入口）を実際に構築してみた体験から、虎口から多人数の出入りはとても不可能であることを実感した。もし虎口から出入りが簡単に可能であれば、武田軍の侵入も、いとたやすいはずである。

筆者の推理によれば、織田・徳川軍は、身がくしと柵を内側から押し崩し、乾堀を埋め、二十四町の間に、数ヶ所、あるいは数十ヶ所の平坦な出入口を急いで作り、鉄砲陣地から、設楽原の戦場に出て行き、そこで隊伍をととのえて、追撃戦に移ったものと推理している。

前述したように、武田軍の戦法には、退却して敵を釣り、深追いする敵を殲滅するという、「隠れ遊び」という独特な戦法がある。

追撃する織田・徳川軍も、おっかなびっくりで、警戒しながらの追撃戦ではなかったかと推理する。

武田軍の退き貝が吹奏されたと同時に猶予なく追撃戦に移れば、あるいは勝頼を捕捉できたかもしれないし、三千名の武田軍の生還を許さず、合戦前からの信長の自信通りに、一兵も残さず皆殺しできたかもしれない。

敗軍の場合は、いかに勇猛な兵士であっても、打って変わった卑怯者になり、恐怖にかられ逃げまどう、負け犬のようになり果てるものという。

合戦の勝敗が定まり、日が落ちて闇夜になると、落武者狩りの目的で、野伏《のぶせり》、山賊、武装した農民が跳梁《ちょうりょう》するので、小人数での敗走は、とりも直さず、死に結びつく。

三千名の武田軍が、とにかく甲府まで帰投できたのは、織田・徳川軍が、深追いすることを禁じて引き返したことと、武田軍の敗残兵が、日暮れ前に徐々に集結し、とにかく隊伍を組んで、部隊として行動したことが理由であろうと推理する。勝頼と三千名の生還は、味方を逃がすため、踏みとどまって戦死した、馬場《ばば》美濃守《みののかみ》信春《のぶはる》や笠井肥後守のような多くの将兵の犠牲によるのはもちろんである。

激戦の古戦場の土中に遺物はない

設楽原の銃声と喚声が消えた日、敗残兵狩りは、徹底して行われた。

そして鮮血に洗われた大地と、ふくれあがった武田軍戦死体の山。戦場掃除は、当時は専門の業者によって行われていた。

兵器、武具など、金属のものは、小破片まで回収され、再利用されたのである。

鉛玉など、もちろん残らず回収されて、再生されたのである。掘るものは掘り出し、川底をさらい、木片やむしろは焼き払い、屍体は水葬にするか、穴を掘って、まとめて埋める。そして旧《もと》の姿にして終わるのである。

しかし、その凄惨さは、姿だけ旧にもどっても、すぐ米や豆を作ったり、住まいを建てて移り住むという程度のものではない。

設楽原の土は、ほとんど入れ替えられてしまったに違いないと、筆者は考えている。

戦いが終わって、ずいぶん大勢の人が、古戦場を掘って、遺物をさがしたに違いない。

鉛弾丸や、えびら硯が発掘されているが、四百年間にわたる発掘点数としては、あまりにも少ない。

最近も学生による発掘が試みられたと聞いたが、無駄な努力ではないかと筆者は思う。

土中に遺物がなくとも、関連のある地域の民家や旧い蔵、古い襖《ふすま》の下張り、古文書などに交って、設楽原合戦にまつわる古記録が現れることは予想される。

また、もっとも大切なことは、古老の伝承である。当時からの言い伝えや、意味不明の歌謡など、こまかく収集しておかねばならない。

これらの集大成が、設楽原合戦の謎をとく重要な鍵となり得ると思う。

そのかみの　コルドバの陣　よみがえる
　頬を伝うは雨か泪か

諸手抜き鉄砲隊の戦闘を実証推理する

設楽原における、織田・徳川連合軍の、野戦築城陣地。いわゆるエル・コルドバ式の、乾堀・柵・身がくし（土塁・牆壁）の三段構え内に配置された、諸手抜きの、よりすぐった銃手の状態から記述しよう。

設楽原の、エル・コルドバ式陣地は、南は川路村連子橋から、竹広、柳田あたり、北は宮脇、森長、浜田まで、その間の距離二十四町に陣地を構築した。

二十四町は一町が六十間であるから、千四百四十間になる。

この場合、千四百四十間の間に配置する鉄砲の、攻撃してくる敵兵に対して最も有効で適当な数量は、二間の間に三挺。つまり銃手が左右に四尺五寸程度の距離をへだてて、並列するのが理想的である。

鉄砲の発射と弾丸込め（装塡《そうてん》）には、銃手の左右に、四尺五寸程度の余裕が必要である。

なぜ必要かというと、めったに起こることではないが、鉄砲の暴発事故がおこった場合の危険を防ぐためである。

暴発は、点火して火縄狭みに装着した火縄が、発射の意志のない時、無駄落ちして火皿の起火

銃眼と銃眼の理想的な距離

薬が発火して、銃身内薬持ちの盒薬が爆発し、弾丸が発射されることをいう。

また、鉄砲自身の欠陥や老朽による暴発事故も起こることがある。

すなわち銃身が裂けたり、火皿がふっとんだり、火皿の火口の穴から火焔が逆噴射して火焔と焼けた火薬の残滓が真横に吹き出すことなどがありうる。

また、弾丸込めの場合にも、銃身を水平に近い角度に保持して、火皿に起火薬を盛ったり、火縄を火縄狭みにとりつけたりするので、銃手の左右に、四尺五寸程度の空間が必要というわけである。

銃手と銃手の間隔を四尺五寸程度になるように銃眼をつくると、二間の身がくしの間に三個という数になる。

二十四町、千四百四十間の陣地の、敵前面一列では、二千百六十個程度の銃眼、すなわち陣地を死守する有効適切な鉄砲の数量は、二千百六十挺程度が最もよいということになる。

敵兵の数と襲撃の時間と、攻めこんでくる動作の緩慢（これは陣地の防禦の良否によることはもちろんである）による、種々な場合が考えられるが、鉄砲の装填に要する時間（だいたい十五秒以内）を考えると、武田軍と戦う場合、とても防禦できるものではない。

これらの、銃眼の鉄砲千五百挺の装填時間を四秒に縮めるために、分業三人組弾丸込めの方法を採用し、そのための鉄砲と薬込め役として、鉄砲八百四十挺と八百四十人の薬込め役三人一組で二百八十組を用意したのである。

信長は、完璧な合理主義の上に組み立てられた謀略作戦を考えていたと筆者は推理する。

現在、設楽原古戦場の馬防柵復元地に、角柱状の一基の歌碑が建てられている。

三千挺の　鉄砲とどろく　天正三年
五月二十一日　ここ設楽原

地元に伝承され、語りつがれ、書きのこされている連合軍の鉄砲の数量は、ほとんどが三千挺である。

太田牛一の著述した『信長公記』の記述では、写本によって「千挺ばかり」と記述されたものと、「三千挺ばかり」と記述されたものが見られる。

慶長《けいちょう》三年（一五九八）の池田文庫本では、「千挺ばかり」とあり、朱筆で三の字を書き加え、三千挺としている。

元禄《げんろく》十一年（一六九八）の陽明文庫本では、「千挺ばかり」とあり、寛延《かんえん》三年（一七五〇）の内閣文庫本には、「三千挺ばかり」とある。

なぜ、千挺という数量と、三千挺という数量が出てくるかということを推理してみると、公式発表と宣伝では、千挺ということにして（これは武田軍に対して、武器装備が貧弱であると思わせる謀略の一つである）、発表した事実にもとずく数量ではあるまいか。

そして三千挺という数量が、実際に使用された数量であると推理される。

織田・徳川連合軍の鉄砲陣地内の、武田軍銃撃殲滅戦は、銃眼をはなれず死守する役目の鉄砲二千百六十挺、銃手二千百六十人と、一人の銃手の背後にあって、弾丸込めをして掩護する三挺の鉄砲をもった三人の、薬込め役二百八十組。

薬込め役の総数は、鉄砲八百四十挺をもつ薬込め役八百四十名。

他に弾丸、焰硝、火縄などの補給に当たる玉薬方若干名。

この身がくし内の三千挺の鉄砲隊の指揮運用は、よほど沈着冷静、大胆不敵な歴戦の勇士でなくてはつとまらない。

戦闘の推移は、敵軍の襲撃してくる人数と闘志と進撃速度によって刻々に変化する。

いわゆる「長篠・設楽原合戦神話」では、必ずいわれることとして、三千挺の鉄砲を三つに分けて千挺ずつ一斉射撃する三段射ちで、武田騎馬軍団を殲滅した、と説いている。

しかしこれは、現実の戦場では起こり得ないことである。

千挺の鉄砲が銃口をならべて待っている正面に、都合よく千人の敵が攻撃して来て、鉄砲の的になる。

それを何度も繰り返してくれれば、この千挺ずつの三段射ち戦法は成り立つ。

しかし戦闘は千人単位で行うという決まりなどまったくない。

千人以上来襲することもありうるし、二、三百人で来襲することもある。

敵の数は、その都度かわるのが当然である。

襲撃してくる小人数の敵に対して、無駄弾《だま》丸と承知で千挺射ち放すとすれば、貴重な玉薬と弾丸はいくら用意しても不足になるであろう。

玉薬や弾丸を無駄にしないで、小数の敵をそれに見合う小数の鉄砲で射殺していくと、三段射ちは成り立たない。

なぜかというと、千挺のうちに空になり装塡してない銃と装塡してある銃が入りまじり、間違って二度込めした銃もまじりこみ、整然とした三段射ちはできなくなる。

二度込めの場合、発射時に銃身の一部が裂けて、横方向に火焔を吹くことがある。

では身がくし（牆壁）内の、三千名の鉄砲隊は、武田軍との戦闘にどのような戦法で対応したのであろうか。

信長の採用した、味方を一人も傷つけず、敵を全滅させる鉄砲戦術とは、まことに合理的な分業三人組薬込め法による四秒装塡射撃。加えて一発一殺、全弾必中の射撃。これは銃手が、選び抜かれた技術のよい者に限られ、しかも二間か三間（四～六メートル）以内に近づいた敵以外は射たないため、一発一殺、全弾必中、無駄弾丸《だま》はなしということになるのである。

射手は厚い土壁で築かれた牆壁に寄りかかり、銃身を銃眼の底板上に依托《いたく》し、銃口だけを銃眼から出して待っている。

銃を持たず、楽な姿勢なので、銃眼からのぞいて、敵兵の近づくのを監視するだけである。

小数の敵が泥濘に足をとられながら、乾堀の縁までたどりつき、何とかして堀を渡ろうとしてもたついているのは、格好の的である。銃眼から乾堀の縁までの距離は三間（六メートル弱）しかない。

梯子や板橋を架けたり渡り綱で渡ってくれれば、馬防柵の外側、銃口から一メートル強の距離に身をさらすことになる。

これでは一発必中は当然である。

一人の銃手で十二秒か十三秒で次が射てるのであるから、銃眼は左右六十度角の狙いが可能なので、三個の銃眼、三挺の銃手で、かなりの敵が肉迫してきても、銃眼は死守することが可能である。

銃限の射手だけで手にあまるほど、多数の敵兵が銃眼に向かって動く気配がある場合は、信長が任命した五名の鉄砲隊長と二名の目付が、戦況を判断し予測し、万全の作戦指導をする。

織田・徳川連合軍の鉄砲陣地内の、牆壁の後方は、射手と三人の薬込役が装填射撃する余裕と、そのうしろを人馬が自由に通行し走れるように、二間（四メートル弱）幅の余裕が、二十四町の間に造成してある。

これは薬込め役や射手や、玉薬方や、指揮班が走って移動するための通路である。

万が一、第一段の鉄砲陣地（乾堀、柵、身がくし）が支えきれなくなれば、射手と薬込め役、玉薬方、指揮班すべてが、この移動通路を通って、五十間か、三十間間隔で用意してある退避口から、第二段の鉄砲陣地（乾堀、柵、身がくし）の内側にさがり、射手は銃眼につき、薬込め役の三名は、射手に接して、後方に背中合わせに円陣をつくり装填の準備をする。

信長が戦術に秀抜であったことは、三千挺の鉄砲隊（銃手二千百六十名と薬込め役八百四十名、三名で組をつくるので二百八十組）に、五名の隊長を任命して、指揮権を平等に与えていることと、五名の隊長と二名の目付役が、いずれも戦闘体験の豊富な、歴戦の勇将ばかりを選抜していることである。

現に、戦国期の歴史に、勇名をのこした人たちばかりである。

すなわち、佐々内蔵之助《さっさくらのすけ》成政《なりまさ》、前田又左衛門《まえだまたざえもん》利家《としいえ》、福富平左衛門《ふくとみへいざえもん》定次《さだつぐ》、塙九郎左衛門《はなわくろうざえもん》直政《なおまさ》、野々村《ののむら》三十朗《さんじゅうろう》幸勝《ゆきかつ》の五名を鉄砲隊々長とし、目付には丹羽《にわ》勘助《かんすけ》氏次《うじつぐ》、徳山《とくやま》五兵衛《ごへえ》則秀《のりひで》を任命した。

たとえ臨時に任命された隊長であろうと、その名声と体験は、鉄砲隊三千余名の信望を集めるのには充分であった。

そして戦いが始まると、隊長たちの判断と用兵作戦は、沈着冷静に進められていったと思われる。

三名で一組をつくる、八百四十名、二百八十組の薬込め役組は、五十六名ずつの五組に分けられ、五名の鉄砲隊長のもとに統率されたと思う。

二十四町の間の、身がくし内の通路に待機し、隊長の予測と判断で、その銃眼前に突撃してくる敵兵の数量に応じて、命令により移動して、薬込めの掩護にあたる。

その銃眼前に来襲した敵を殲滅すれば、薬込め役は旧位置にもどり待機する。

銃眼の銃手は、その場を動かず、敵を監視し続け、小数の近づく敵は、のこらず射殺する。

この戦闘方法によれば、二千百六十の銃眼は常時、十五秒装塡可能の銃手二千百六十名に死守されていることになる。

もし武田軍の大きな部隊が突撃してくれば、その地点に重点的に、二百八十組の薬込め役を移動させ投入する。

その地点の二百八十個の銃眼は、四秒間に一発という発射速度で敵を殲滅する。

それに、乾堀、柵、身がくしの築城が、三段、四段、五段と立ちふさがっていては、それを破って侵入するには時間がかかる。

まして敵の数が少ない場合は、一人一殺で発射し、無駄弾丸は決して発しない。

敵を銃口前まで引きつけて射つので一発で即死する。

敵の来襲がなければ、銃の掃除、休憩、食事、用便など、敵の鉄砲に狙われることのない牆壁（身がくし）の中なので、安全感があり、余裕がある。

万が一、第一段の陣地が破られ、敵侵入の危険が迫れば、隊長の命令で、第二段の陣地に後退するのである。

帯状の低湿地帯に引き込む戦術

設楽原といえば、平坦な広々とした起伏のなだらかな平原を、誰もが想像する。この草原を数千の騎馬武者が、怒濤のごとく鉄砲隊におそいかかる戦国絵巻を、誰もが脳裏に描きだす。

妄想である武田騎馬軍団を疾風のごとく走らせるためには、設楽原は起伏の少ない大草原でなくてはならない。

帝国陸海軍が戦術の教科書として使用したと聞いている『日本戦史　長篠役』の第三章地理の部に、

「火田《かでん》多く（畑が多く）、水田少なし。けだしこの田畑の過半は、当時みな原野なりしならん」

と記述している。

この見解著述は、現地の視察調査をしないで設楽原という名称から連想した、誤った記述であろうと筆者は思っている。

設楽《しだら》人は、朝鮮半島北部に居住していた文化教養度の高い人たちであったが、土地が乾燥地帯なので、火田《かでん》（焼畑《やきはた》）民《みん》と言われてきた。新羅《しらぎ》国の圧迫に苦しみ、国をすてて、日本国に移住してきて、定住開拓した場所が、設楽原である。

移住してきた新天地は、北朝鮮の故郷とは異なり、美しい水が湧き出て、数本の川を形成している楽天地である。

焼畑（火田）で収穫できる穀物は、そば、粟《あわ》、大豆《だいず》、などである。

水が豊富で水田ができれば、稲作（米づくり）ができる。

元来、火田民といわれてきた設楽人でも、水田を作り、米を作るのが当然である。

しかるに火田民の設楽人の移住してきた場所であるから、「火田（焼畑）多く、水田少なし、そしてほとんどが原野であったので、戦場に選ばれた」という『日本戦史』の誤った見解では、現在のように水田が多かったなら、戦場にはならなかったであろう、という意味にとれる。

が、筆者はまったく正反対の見解をしている。

長篠城趾史跡保存館元館長の、丸山彭先生の著述『長篠の合戦五つの謎』中に、「三章　設楽原の地形――特に水田の分布」として（以下原文のまま転載引用させて頂く）、「慶長九年（一六〇九）の検地帳の田圃の面積と、現在の田圃の面積とは大差がない。天正三年（一五七五）から慶長九年の僅かな間に開田出来るとは思われない。従って、天正の頃の田圃と現在と、大差なかったのではないか」

という意見がある。

設楽原とは、厳密に言えば、連吾川の流域を指すのであるが、一般には、雁峰《がんぼう》山の南にひろがる平地で、長篠合戦の決戦場になった所をいい、その広さは、東西およそ四千メートル、南北およそ三千メートルと見られる。

ここで問題となるのは、連吾川の両岸、せまい意味での、設楽原の地形、特に水田の分布である。

連吾川は雁峰山を源とし、南に流れて豊川に注ぐ。連吾川をはさんで、雁峰山から二つの台地が突出する。

東にあるのが信玄台地。西にあるのが弾正山。この二つの台地の北端と、雁峰山の山裾に囲まれた丘陵を丸山という。

連吾川は丸山の西を流れるが、この附近から、飯田線の鉄橋附近までは、およそ二千メートル。落差は二十メートル。ここより下流豊川までの距離はおよそ九百メートル。落差は三十メートルと見られる。

住民は、この落差を利用し、上流に堰《せき》を築いて水をせき止め、水路を作って水田を開発した。最近、地元の人から聞いた水路の歴史は、次の通りである。

まず連吾川左岸から話すと、

柳田前の橋より三十メートルほど下流に、以前は元堰《もとひ》と呼ばれる堰があった。連吾川の水を、この堰でせきとめ、信玄台地の西斜面の畑の端を流し、これを新川と呼び、下流に田団（水田）を作った。

洪水の時は新川にあふれる水を、古川（元の連吾川）に流す仕組みであった。

新川が出来たのは寛文七年（一六六七）であるし、大宮前激戦地の碑がある丸山の南や、国道一五一号線の南、勝楽寺前激戦地と称せられる地区の開田はおそいから問題はない。

問題になるのは、連吾川右岸である。

旧竹広村は丸山の西、須長村浅場《あさば》地先に堰を設け、弾正山の山裾に溝を作り、現在の東郷中学校前まで導いて水田を開発した。

この狭い水路――溝を、乗久根《のりくね》溝といい、慶長九年（一六〇四）の検地帳に、すでに記載されている。

浅場堰の落差は三、四メートルで、現在は張石で固め、三段になっているが、五十年前は、大量の粗朶《そだ》（切りとった葉付きの小枝束）を使い、しがらみ（水勢を弱めるため、川の中に杭を一定間隔に打ちならべ、柴や木の小枝、いわゆる粗朶をからみつけたもの）を組んで堰を作っていた。

竹広橋（東郷中学校東）から下流には、湧水があったり、小さな堰で川の水が利用できる地形であるから、早くから田圃（水田）になっていたと考えられる。

ここで問題は、竹広橋から上流に移る。

連吾川の沿岸は、小規模な河岸段丘である。段丘に沿って田圃を作れば、盛土をしなくても楽にできる。

法尻《のりじり》には地輪を埋め、そこから土坡を打ってある。根石を入れた所も少なく、石垣はほとんど見当たらない。

溝さえ出来れば田圃を作るのは、さほど難しくはない。

以上が、丸山先生が、地元の人たちから聞いて集録された伝承である。

激戦地の碑がある、柳田の地名からいっても、水田の多いことに由来する名称であろうと思われる。

現在、設楽原古戦場には住宅は見られないが、設楽原合戦当時には、水田が多く、人家（農家）もかなり点在し、名主庄屋などの大きな屋敷も建っていたと思われる。

これは地元に伝承されている合戦時のこぼれ話の中に度々出てくる。

その一例は本書〈第3章〉「記録にない宝川合戦」の項の終わりに近い箇所に記した通りである。

また第二例として、本書〈第2章〉「武田軍の戦法と設楽原」の項の中にも記した。

以上二例から見ても、かなりの数の住民とその家屋が点在しており、馬が馳せめぐれる一大草原ではなかったことがわかる。

『信長公記』に、設楽原の地形について、

「志多羅の郷は、一段地形くぼき所に候。敵がたへ見えざる様に、段々に御人数三万ばかり立て置かる」

とあるように、小高い丘陵にはさまれた帯状の低湿地帯に、水田の分布が多く、かなりの数の農民たちが定着し住んでいた。

決して平坦な原野ではなかったし、草原であったから両軍が決戦場に選んだわけではなかった。

筆者は設楽原を決戦場に選んだのは織田信長で、武田勝頼軍を設楽原におびき寄せて殲滅することが、はじめからの目的であったと推理している。

広い平原を戦場とした場合の、武田軍の敏速な行動、陣形の正確敏速な変換、途中で馬隊を投入して敵陣を攪乱する騎馬戦術、竹束・石子楯《たて》などの工夫された仕寄具《しよりぐ》による肉薄攻撃、金掘り衆による坑道作戦が得意など、武田軍は攻城戦より野戦を得意とする勇猛果敢な兵団である。

このように武田軍の特技を考えて、武田軍に勝つためには、彼らが得意な技を使えない状態に追いこめば、勝てるわけである。

すなわち、武田軍を狭い戦場に引きこむこと。狭い細長い帯状の地形の中では、大軍が自在な陣形を作ることができない。

さらに、水田の多い湿地帯に引きこめば、泥濘の海となり、敏速な行動を封じることができる泥濘の海の中に引きこめば、鉄砲の操作が難しくなる。具足が泥土にまみれると重量が重くなり、行動が鈍《にぶ》くなる。

乗馬は、ぬかるみに入れば動けなくなり倒れる。

種々な仕寄具が泥土により移動し難くなる。

ぬかるみの戦場では坑道は掘りぬけない。

野戦築城（野原に、乾堀、柵、身がくしを構築）をして、野戦を攻城戦に変える。

『甲陽軍鑑』中の記載に、設楽原戦を評して、「さながら、城攻めの如くにて……」とある記述は、設楽原の織田・徳川連合軍の野戦築城陣地に肉迫した武田軍の兵士が、ひとしく感じた実感であったと思う。

それは武田軍が、その直前までまったく予期しなかった現実であったからであろう。

武田軍は誰一人として、敵陣地の状態を知らなかった。見ることはもちろん不可能であったし、遠くから望見して見えるものは柵（馬防柵と織田軍は呼称しているが）だけである。

敵陣地を偵察しようと近づく者は、昼でも暗闇の夜半でも、ことごとく銃撃されるので偵察は不可能であった。

設楽原古戦場の激戦地に、織田・徳川軍の野戦築城陣地を実験的につくり（現在も永久保存中）、両軍の戦闘の実際を体験しようとした筆者は、完成した陣地を、武田軍の兵士の立場から偵察してみた。

実体験で驚いたことは種々あったが、先述したように一番驚いたことは、陣地最前線に掘られている乾堀の存在が、まったく見えないことであった。

乾堀の縁から、五、六メートルもはなれたところからは、堀が掘られていることは見えない。もし這って近づけば、二メートルはなれたところまで、堀の存在は気づかない。

外国の文献に、突撃してきた槍騎兵の軍団が、乾堀に気がつかず、堀の中に雪崩《なだれ》落ちて潰滅した戦記が載っているが、砲煙や霧や雨や、砂塵にさえぎられた場合、堀の縁で踏みとどまることは至難の業である。

後ろから進んでくる味方には、乾堀の存在は見えないので、当然押し出される形状になってしまうのである。

しかも五月二十一日は梅雨どきで、二十日夜までは雨が降りつづき、二十一日夜明けになって、やっと雨が降り止んだのである。

設楽原はぬかるみ、乾堀の周辺は泥土ですべり、近づけば堀にすべり込み、這い上がることも不可能であったと思われる。

もし武田軍が、乾堀の存在を事前に知っていたならば、必ず、竹梯子や縄はしごなど、乾堀を渡る道具を携行して突撃してきたに違いない。

当時の軍学では、個人の具足武者は、一間半〜二間（三〜四メートルほど）の槍を携行することが多かった。

一方、雑兵の長槍は、二間半〜三間（五〜六メートルほど）の寄せ竹の打柄に短い穂先をつけた数槍をもつことが多かった。

川を渡ったり、堀をわたったりする時の研究として、これらの槍を数多く集め、井桁《いけた》にくんで槍柄の強度を増大させ、枡目の中に入って流水の力をそいで、安全に川を渡ったり、枡目の橋の上を這って渡ったりすることが行われていた。

設楽原の野戦築城陣地で、このような方法を使って、乾堀を渡ることを試みた者もあったのではないかと推理しているが、この乾堀は、馬防柵をはさんで、部厚い盛土の牆壁（身がくし）の銃眼からの距離は、三間しかない。

三間といえば一発必中の距離である。

乾堀の縁までやっとたどり着いて、堀の存在に気がつき、どうすれば堀を渡れるであろうかと、とまどって立ちすくめば、三間の距離の銃眼から狙い射ちされる。この銃眼からの射撃速度は四秒に一発である。

銃眼は二間の間に三個作られているので、四秒間三発の必中弾が、二間の間に、一人か、二人か、三人を狙って間断なく飛んでくることになっている。

これは乾堀を渡りかけた場合も、堀を渡りつつある場合でも、堀を渡りおえた場合でも、次の障害物である馬防柵にとりついた時でも、飛来して命中する銃弾の数量は変わらない。

銃眼との距離が縮まって二間になり一間になり、銃口に近く、身体をさらさざるを得ない。具足武者でも、銃口直前の敵の急所を狙って発射すれば、一発で必ず即死する。あるいは、二人の敵を貫通して、二人とも即死することもあり得る。

附近の敵は、爆風と焼けた火薬の残滓《ざんし》を吹きつけられて、薙ぎ倒される。

鉛弾丸の具足への射入孔《こう》は、弾丸の大きさの穴があいているだけであるが、具足の背中の射出孔は、十匁玉の場合、二十センチ以上の直径の孔がぽっかりとあく。

もちろん、弾丸は円盤形に三センチ径ほどに平たくひろがり、内臓は噴出し、即死する。

銃眼すなわち銃口ののぞく穴は、敵の銃弾がとびこまぬように平たく小さく、手元の方は扇形にひらいた穴なので、銃床を左右に動かせば、九十度以上、左右の敵に狙いをつけて射殺することが自由であるから、正面の敵を殲滅すれば、左右九十度の方角から侵入してくる敵を射殺できる。

第一の敵は泥濘・第二の敵は銃眼

五月二十一日の日の出前、夜来の雨は、めずらしくあがり、静まりかえった設楽原一帯には、深い朝もやが立てこめていた。

『信長公記』や、その他の戦記のほとんどが、武田軍が押太鼓を打ち鳴らし、鯨波《ときのこえ》をあげて攻めかかってきたと記述している。

『信長公記』には、騎馬集団の一斉突撃などとは、まったく記載していない。

その攻撃は全軍の一斉攻撃ではなく、まず山県昌景の部隊、第二回目に武田逍遙軒信廉《しょうようけんのぶかど》の部隊、第三回目に小幡《おばた》一党（西上野の赤具足隊）、第四回目に武田典厩信繁《てんきゅうのぶしげ》の部隊（黒甲冑隊）、第五回目に馬場美濃守信房《のぶふさ》の部隊、というように（戦記により部隊名と順序に多少の入れ違いがみられるが）、八時間の間に、次々に波状攻撃を繰り返し、潰滅していった状態が描写されている。

もしあの時、こうしていれば……という仮定は何の意味もない無駄なことであるが、もし設楽原決戦の緒戦において、武田軍が部隊別の波状攻撃を行わないで、武田軍全軍が一斉に、二十四町の間に散開して、織田・徳川連合軍の陣地に襲いかかっていたと仮定すれば、いったいどんな結果をもたらしたであろうか？

織田・徳川軍の鉄砲陣地の鉄砲の配置状況は、前述したように、二十四町の間に、鉄砲二千百六十挺を常備した銃眼がならんでいる。

この二千百六十挺の鉄砲の発射速度は十五秒に一発であるが、大勢の敵が攻めかかってきた地域には、薬込め役八百四十名が鉄砲八百四十挺と火薬をもって、装塡の応援にかけつける。八百四十名の薬込め役は三人一組のグループなので、二百八十組の薬込め役が、攻めよせる敵の数に応じて、右に左に移動して、装塡を手伝うことになる。

五人の鉄砲隊長の指揮が適切であれば、牆壁（身がくし）の銃眼の前方に攻め寄せる敵兵の数が多い所に重点的に、三人組の薬込め役組が投入されるので、二十四町の間、二千百六十挺の鉄砲のうち、二百八十挺は四秒間に一発という、すさまじい発射速度で、一発必中の銃弾を発射して屍体の山を築く。

が、仮説のように、武田軍の全員が、二十四町の間、一斉突撃を敢行すれば、銃眼の二千百六十挺のうちの千三百二十挺は、十五秒に一発という発射速度であるから、執拗《しつよう》に数時間、息もつがせず攻め立てられれば、二十四町の陣地中、牆壁内まで武田軍が侵入してくる場所が生じたかもしれない。

牆壁内まで侵入されれば、白兵戦では武田軍の槍や刀が鉄砲組を制圧するという結果になることは、当然考えられる。

陣地の一角、第一線が破られた場合、敵の部隊はその侵入口から続々と入ってくる。

第二線、第三線陣地と後退することは、至難の業であろう。

武田軍全員一斉突撃という仮説で考えられることは、乾堀が武田軍の戦死体で埋まれば、簡単に渡れるようになるということである。

前述したように、日露戦役における、二〇三高地のロシア軍要塞の前面に作られていた乾堀では、堀が日本軍兵士の死体でいっぱいになると、日本軍が渡ってくることを恐れて、突撃の間隙に、露軍兵士が、死体にガソリンを撒き、点火して焼いて灰にし、乾堀を渡れぬようにしていたことが、『肉弾』の著者、桜井忠温少将の談話にも著述にものこっている。

武田軍はなぜ、全軍一斉突撃を敢行しなかったのであろうか?

もし全軍一斉突撃をやっていたなら、決戦は一～二時間で終わり、あるいは、織田・徳川軍敗走、武田軍も大きな損害をこうむったが勝利……という、反対の結果になっていたかもしれない。

しかし実際は、一斉突入ではなく、部隊別に、時間帯もかなりの空白時間をおいての波状攻撃であった。

これは結果的には、織田・徳川軍にとって、薬込め役を武田軍の攻撃してくる地域に移動させて応戦の準備をする時間を与えられるという、絶好の条件であった。

武田軍が全軍一斉突撃を敢行しなかった理由は、次のようなものではないかと思う。

一、織田・徳川軍の野戦築城陣地の警備が厳重で近づけず、昼夜を問わず近づく者は狙い射ちにされるため、陣地の構造がまったくわからず、全軍一斉突撃は危険と思われ、どうしてもできなかった。

二、武田軍の各部隊は、その部隊指揮者である武将や与力の寄子、すなわち郷土出身の農民兵で編成されている。部隊指揮者は、自己の郷土農民兵の損害をなるべく出さないで戦果を充分にあげられるように、絶好のタイミングを狙いはかって攻撃を始めることが当然であるから、どうしても、突入の時間もばらばらになり、波状攻撃の様相を呈する。

三、武田軍にとっては、織田・徳川軍は野戦に弱い尾張の兵士で、金子《きんす》でやとわれている足軽（職業軍人）が大半であるという一方的な思い込みがある。

そしてこの設楽原合戦の場合、見るからに脆弱《ぜいじゃく》な馬防柵をたよりに、柵のかげにひそみかくれて攻勢にでてこない臆病な敵と信じている。

四、武田軍の諜報《スパイ》機関の報告によれば、織田・徳川軍の鉄砲の数量は千挺程度で、降りつづいた長雨で火薬がしめり、決戦に使われる鉄砲はたいした数ではあるまいという、一方的な楽観もあったと思う。

五、まず、他の部隊の突入状況を見定めて、その部隊が最前線を突破して敵陣に進攻したのを確認し、他の部隊に遅れぬように一番槍、二番槍の功名を狙う。個人戦闘から集団戦闘に移行するこの時代にあっても、古い体質から抜けきれなかった武田軍には功名あらそいの気風があったと思われる。

六、この功名争いの気風が、攻撃部隊が殲滅されたのに気づかず、他の部隊に遅れをとるなと、次々に波状攻撃を繰り返し、死の銃口前に争ってとびこみ、潰滅するという結果をもたらしたのであろうと思う。

七、他の部隊が、散々に狙撃されて、死骸《しがい》の山を築いていく惨状を、気づかなかった理由は、織田・徳川軍の銃眼から射撃する鉄砲の轟音と硝煙に、耳をふさがれ、目をふさがれて、状況判断を誤ったためである。

近代銃とちがって、火縄鉄砲の発射音と、吹きだす白煙は、知らない人には想像もできないほどの音響と、もうもうと立てこめる濃い白煙である。

無風状態の、溝状の低湿地帯である設楽原の織田・徳川軍陣地では、白煙は次々に吹きだされて低くたてこめ、地上の惨状を何も見えない、白一色の煙が包みこんでしまったのである。
八、記録によると、武田軍は進撃の合図に押太鼓を打ち鳴らし、陣鐘、銅鑼《どら》を鳴らし、鯨波《ときのこえ》をあげて、敵陣に殺到した。
緒戦の山県隊の突入は、日の出る直前、白く朝もやが立てこめていたので、友軍の兵士たちは、突入部隊の進撃状態を、声と音で聞きとり判断しようとした。

と、突然、百雷のとどろきさながらの、すさまじい炸裂音が轟いたかと思うと、轟音は山彦を呼び、木魂《こだま》を湧かせて、次から次に、ごうごうと天地を包み、いっさいの聴覚を奪ってしまった。

やがて地上に静寂がもどり、時折、不発銃の間の抜けた銃声が鳴りやむと、恐ろしいような森閑とした静けさが天地を支配する。

武田軍の将士は、ざわめき立った。

「友軍は敵陣地を蹂躙《じゅうりん》して、敵の本陣のうしろに出たぞ。遅れをとるな。急げ！」

友軍の喚声や音響がかき消えたのは、乾堀の前、敵陣地の近くで、雨あられの銃弾に狙撃されて、死骸の山が築かれたからであって、敵陣深く突入できた武田の兵士はまったくいなかった。が、濃い硝煙のベールにおおいかくされた事実は、武田軍の戦況判断を完全に誤らせた。
九、武田軍には、印地打ち、または印地の者と呼ばれる投石兵が、緒戦で活躍したという。拳大《こぶし》の石を数十個携行し、敵に近づき、礫《つぶて》を投げ打って、敵陣を撹乱するのである。石ぐらいと思う人もいるかもしれないが、デモ隊の投石でもかなりの威力がある。まして騎乗の部隊は、馬体にあたれば、馬が驚いて行動が乱れる。しかし、設楽原の敵陣には、石礫は何の効果も表わさなかった。
織田・徳川軍将兵は、すべて牆壁（身がくし）の陰にひそんでいるので、投石はまったく功を奏さなかったであろう。
十、金掘り衆は乾堀や水堀を渡る、渡河作戦などが任務である。
設楽原決戦場では、泥濘の中に、両脚がめりこみ、歩けなくなるので、数本の突撃路を作って、その上を歩き進んだと思われる。

連吾川は水量が増えて川幅がひろくなり、流れも速くなっているので、簡略な架橋をして、川に入ることなく渡ったものと思われる。

遠くから望見される織田・徳川軍の馬防柵を引き倒すために、金掘り衆は多数の大型の投熊手や掛矢《かけや》（大型の木槌）や縄を切るための陣鎌などを用意し携行していったと思う。しかしそれらが、有効に使用されることはまったくなかった。

敵陣地への突入路を確保するため、敵陣地の防禦物破壊の目的で泥濘の中を這い進んだ金掘り衆は、乾き堀りの存在に気づいて愕然《がくぜん》としたに違いない。

しかしその時、至近距離（おそらく四間くらいであろう）から突然すさまじい轟音と火焔と爆風の嵐にまきこまれ、雨あられと降りそそぐ必殺弾になぎ倒されて、幽明境を異《こと》にしていた。硝煙と轟音に包まれ、何が何やら自分自身にも理解できない、一瞬の死であったと思われる。

そしてその死骸の山は、立てこめた白煙のベールに包まれたまま、後続の突撃隊の障害物となり、次々に新しい死骸の山を築いていったと思われる。

鳶ヶ巣城と周辺の砦はなぜ壊滅したか

設楽原決戦の前夜、織田・徳川連合軍の奇襲部隊四千名による真夜中の襲撃によって潰滅した、鳶ヶ巣文珠山城とその周辺に点在する支城（砦）は、武田軍背後にあって頑強に籠城をつづける徳川方の長篠城五百名の城兵と鉄砲五百挺に対する監視と索制の役目を担っており、加えて武田軍本隊の背後を護り、糧食、馬匹を監視管理する重要な部隊であった。

鳶ヶ巣城主には、親族の武田兵庫助信真《のぶざね》を、周囲に点在する砦には、当時、浪人の間で流行した陣借り、つまり戦争の間だけ陣中に居候して、槍先の功名を狙う戦争請負いの勇士で、剽悍《ひょうかん》かつ豪勇な浪人集団で編成し、部隊名を「浪人組」と呼ばれていた連中が守備していた。

その中には、名和無理之介《なわむりのすけ》や、井筒女之介《いづつおんなのすけ》、堀無手右衛門《ほりむてえもん》らが戦死とされている。

これらの、戦争が生き甲斐のような浪人組にとって、後方の警備や食糧や馬匹の管理などは退屈でたまらない数十日であったと思う。暑さと無聊《ぶりょう》に苦しんだ彼らは、酒におぼれ、半裸で寝につき、菅沼山麓の難所をのりこえての敵の夜襲など、夢にも危惧することなく、決戦の日のくるのを待つ毎日であったであろう。

天嶮《てんけん》に護られているという思いこみから生じた油断が潰滅の第一の理由であろう。

第二の理由は、奇襲部隊と、不意打ちを喰う者の、気構えの違いであったであろう。

第三は、具足に身を固めた者と、素肌の者というハンディキャップもあったと思う。

第四には夜襲部隊四千人、鉄砲五百挺という物量が、物を言ったと思う。

鳶ヶ巣城兵も、浪人組も、善戦したが壊滅した。そしてこの一戦が、いや応なく、設楽原の決戦に武田軍を引きこむきっかけを偶発することになった。

第4章 武田軍団壊滅の真相

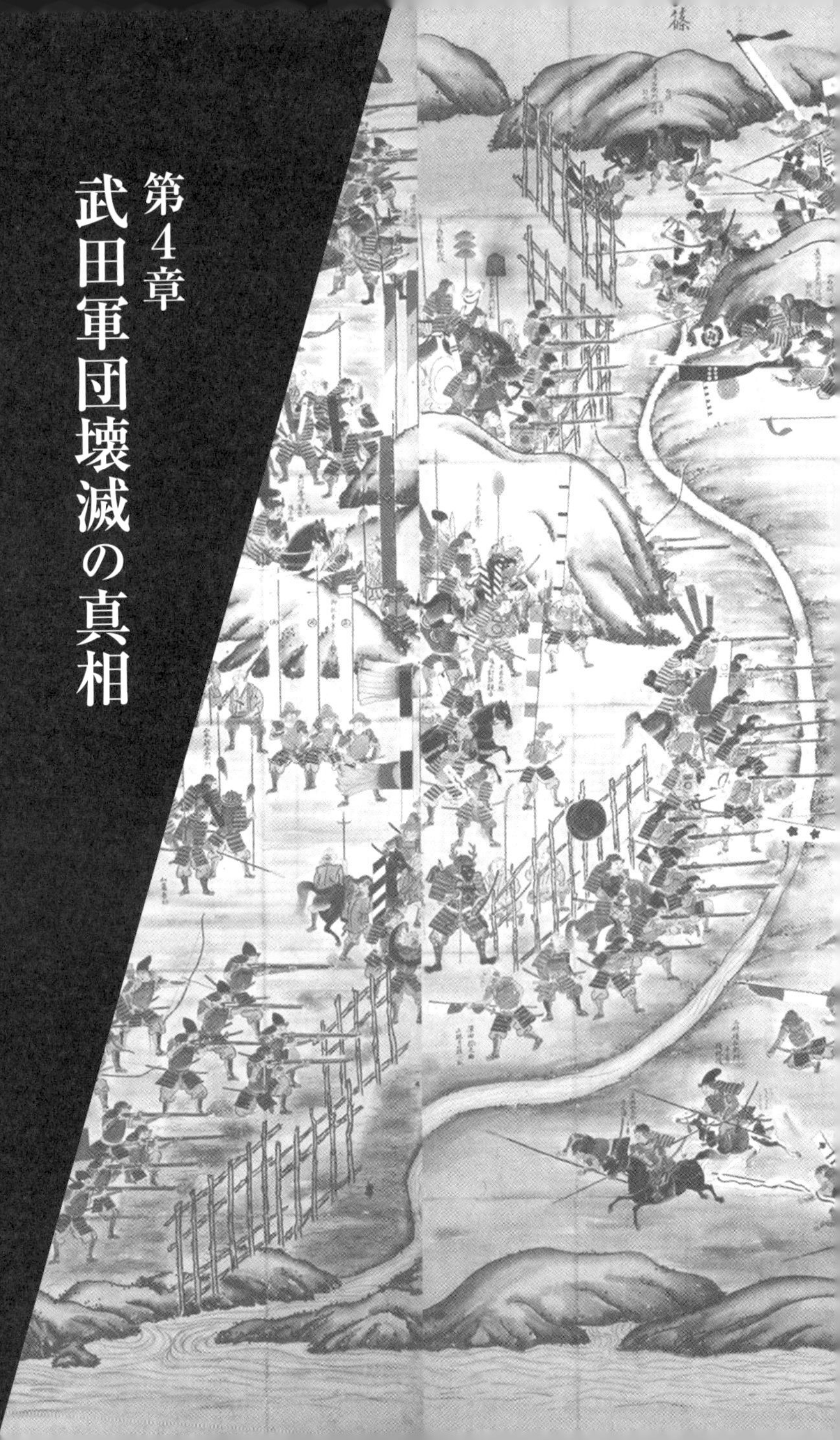

鉄砲戦術を見くびった武田軍

甲州武田家と鉄砲のかかわり合いは古い。おそらく種子ヶ島に、新式の着火装置の鉄砲、いわゆる種子ヶ島銃が伝来する天文十二年（一五四三）から百年近く以前に、銅製指火《さしび》式の手銃が、武田家に持ちこまれたという記録がのこっている。

しかし手銃は武装には結びつかなかった。

なぜかというと、焰硝の主材料である薬品の硝石＝硝酸カリウムの産出は日本国内では、きわめて自然発生が少ない。

中国大陸の中南部や印度では、砂漠に大量に自然発生するのに、当時の日本にはない。「シナの雪。チャイニーズ・スノウ」とよばれ、わずかに八幡船《ばはんぶね》（倭冦《わこう》）が輸入したらしいが、瀬戸内水軍や、西国、九州で消費され、東国まで来ることはなかった。

ちなみに硝石が日本国内で生産されたのは慶長六年頃、朝鮮出兵にともない来日した朝鮮半島の技術者の指導で、やっと生産され商品化された。これより先、天文十二年、種子ヶ島にもたらされた新しい着火装置の鍛鉄製長銃は、またたく間に、日本各地の武将の間に普及していった。

侍なれば、一挺は持ちたきもの也……というのが、当時の鉄砲に対する評価であった。その時代の戦場での主要武器は槍であった。戦場での殺傷力の一位は槍で、二位は投石という文献もあり、個人単位の戦闘から、集団戦法に変遷してからも、鉄砲は戦場の主要武器として最上位にあるわけではなかった。

日本国内で最も早く、鉄砲の軍事的な戦場での威力を認めたのは紀州の雑賀党で、鈴木孫市を盟主とする鉄砲隊は、鉄砲三千挺と名人達人の射手で編成され、各地の合戦に傭兵として招へいされ、勇名は天下に鳴りひびいた。

これは雑賀党の蟠踞した紀州の海辺は、八幡船の交易基地であり、早くから硝石や手銃がもちこまれ、海賊流（水軍流）の鉄砲戦術が行われていたからである。

種子ヶ島に新しい着火装置の銃が伝来した後、硝石の舶載ルートは、種子ヶ島から京へ、堺から京・浪花へ、紀州熊野から京・浪花へ、の三つのルートで輸入され売りさばかれた。

したがって西国の武将は手に入れやすく、甲州武田氏や、越後上杉氏、仙台伊達氏などは、購入競争に立ち遅れたようである。

しかし、甲州武田家は、鉄砲の効果に着目することは早く、独特な研究につとめ、鉄砲を使用する仕寄具として防楯用の竹束を創案して各地の戦闘に効果をあげたことは有名である。

武田家では、槍を外しても鉄砲を用意せよ……という軍令まで出していることを見ると、鉄砲の効力を充分に知っていて、武田軍の鉄砲戦術こそ天下一のものという自負があったのではないかと思う。

甲州武田軍が長篠城攻撃に使用した鉄砲の数量は、今となってははっきりわからないが、筆者は千五百挺くらいと推理している。

対する織田・徳川連合軍は、鉄砲不足を流言で宣伝し、公表した数量は千挺。不足を補うため、諸将に盛んに手紙を送り、五十挺でも百挺でもと、鉄砲と射手、焔硝をもって参戦して欲しいと請願して見せているが、これは三千挺の鉄砲量を秘匿するための謀略の一手であろうと思う。

流言や偽《にせ》情報も度重なると、いつの間にか真実味を帯びてくるものである。

武田軍は、織田・徳川軍の鉄砲量は千挺ぐらいと推定した。しかし実際は三千挺以上であったと推理する。

織田・徳川軍の、画期的な鉄砲戦術、すなわち平場の戦場に、乾堀を幾重にも掘り、身がくしをつくり、その前に、敵をおびき寄せるための囮《おとり》として、貧弱な木柵を立て並べる、という野戦築城の秘密は、決戦の火蓋が切られる瞬間まで厳重に秘匿され、武田軍は、木柵だけの守りと思っていた。

鉄砲の装塡についても、三人組薬込役による四秒間の装塡射撃という方法が採用されていたことは、武田軍のまったく気付かなかったことであった。

まして織田方が鉄砲と射手の不足をおぎなうため、麾下《きか》の部将たちに鉄砲と射手を貸してもらい（いわゆる諸手抜き鉄砲隊）開戦間際ぎりぎりにすべり込みで数をそろえた、という流言によって武田軍は、臨時に寄せあつめた諸手抜きの足軽鉄砲隊など優秀であるはずがない、はげしく攻めかかれば、戦線をすてて逃亡してしまうであろう……と見くびっていた。

諸手抜き鉄砲について筆者の推理は前述したが、信長の要請に諸将は、信長の歓心を買うために、さながら代表選手を送り出すように、最優秀な鉄砲隊士を選んで提供したものと思う。諸手抜き鉄砲の勝利は当然であった。

甲州軍団の死闘を推理、実証する

設楽原決戦に投入された武田軍の兵種は、まず敵陣地を偵察し、その防禦物を破壊するための工作兵であり、敵の集団や攻撃に対しては、拳大の石を投げつけて攪乱する、武田軍特有の、金掘り衆（俗に手明きと呼ばれる投石兵印地の者）であった。川には橋を架け、柵は投げ熊手で引き倒し、牆壁や石垣は掘り崩して突入路を作るのが任務である。

天正三年五月二十一日払暁（日の出の刻）、朝もやの深く立ちこめる設楽原には、嵐の前の静けさ、異様な静寂が、白一色の乳色の目かくしに遮られて、夜明けを迎えていた。

帯状の低湿地帯、雨あがりの原は、降りつづいた長雨に、半ばぬかるみ、半ばは水たまりに水田は水であふれ、田の畦《あぜ》だけが、白いもやの紗幕を透して、黒々と浮かびあがって見えた。

本隊が突入する前には必ず小数の斥候兵が敵陣に近づいて強行偵察を行い、最も適切な突撃路を確保して、突撃隊と入れかわる。

甲州軍団の斥候兵は、金掘り衆が投入されるのがしきたりであった。

本陣の台地から、朝もやの立てこめる設楽原におりたった、武田軍の金掘り衆は、以下のことを知ったのである。

原の土質はすべりやすく歩きにくいこと。

泥濘は深く、ひざ太ももまでのめりこむこと。したがって騎馬武者は侵入不可能なこと。

原中には小起伏が多いこと。

河川は増水し川幅がひろくなっていること。

敵陣地に近づくと、威嚇のめくら弾丸《だま》が、朝もやの中から轟音とともに飛来してくること。

そしてこの強行偵察で、金掘り衆がはじめて発見した驚くべき事実は、敵陣地の木柵（馬防柵）の全面に掘りめぐらされた、幅二間もある乾堀（実際には、昨夜まで降りつづいた雨が水たまりを作って水濠のようであったと思われる）が、延々と二十四町の間つづいていることであった。

そして以上のような偵察の結果は、武田軍本隊陣営に報告されることはまったくなかったのではないか、と推理する。

その理由は、斥候の金掘り衆は全滅して帰って来なかったからであろうと思う。

夜間やもやの中にまぎれて乾き堀に近づく敵を警戒して、織田・徳川連合軍兵士は、身がくしの内から、点火した松明《たいまつ》を投げたり、猿火を灯したり、鳴る子板をつけた縄を張ったりして、乾堀に近づいた者は、銃火を集中して一人も生きては還《かえ》さなかったと推理する。武田軍の本隊は、設楽原の状態と乾堀のことはまったく気づかず、死の銃眼に突撃していったのではないか、と推理する。

夜明け前は朝もやの目かくしに遮られ、日の出後は、銃声と砲煙の目かくしに遮られて、味方の全滅も、乾堀の存在もまったく気付かず、八時間もの間、次々に突撃して、犠牲を積み重ねていったのであろう。

多数の火縄鉄砲隊を指揮した経験のない人には、まったく理解できないであろうが、数十挺、数百挺、数千挺の火縄鉄砲を、設楽原のような帯状の低い溝のような地形で発射した場合の轟音と白煙は、物凄いものであったであろう。おそらく信長自身も予想していなかったであろう。

では、甲州武田軍団の本隊は、いったいどのような戦闘を体験したのであろうか。

これも実証による推理以外の術《すべ》はない。

設楽原の決戦場に投入された、武田軍の兵士の前に立ちはだかった第一の敵は泥濘であった。その上、このぬかるみは、すべって足を踏みしめるのも難かしい。

すべって転倒すれば、装具や鉄砲は泥土によごれる。鉄砲も玉薬も、泥にまみれると、発射も装塡も不可能になる。使えなくなるのである。

筆者の推定による武田軍の携行した鉄砲の数量は、前述したように千五百挺であるが、泥土や水によって、戦場で使用不可能になった鉄砲が、一割程度は出たのではないかと思う。泥土によごれると、銃身と機関部を銃床からとり外し、銃身の尾栓を外し、水と油で清掃し、水分をよく拭きとり、元通りに組み立てなければ再び使用できない。

泥濘中の決戦中に、分解、清掃、組立ては不可能である。

古文献中には、水田の畦の上を匍匐して進撃したと記述している。

具足、装具が水に濡れしめり、泥土にまみれると、重量がたいへん重くなり、軽快な動作ができにくくなる。

ましてや水田や、起伏やぬかるみの多い場所であるし、意外に狭い場所なので、武田軍が得意とする隊形の変換や特殊な陣立は、ほとんどできない状態であった。

これらの悪条件にもかかわらず、武田軍は、ひしひしと、敵陣地に接近していく。

百雷のとどろくほどの轟音が湧きおこり、聴覚のすべてが奪われ、何も聞こえなくなり、鼻をつく硝煙の臭いとともに吹きつけ湧きおこる白煙は、あたり一面を覆いつくして、視力のいっさいを奪ってしまう。

次の瞬間、噴射する火焔、灼熱《しゃくねつ》した銃弾の雨。最前線に這い進んだ武田軍の兵士達は、轟音と砲煙と火焔の坩堝《るつぼ》の中でのたうち、鮮血と泥土の中で理由もわからぬまま死んでいったと思われる。

これらの武田軍兵士は、最前線の乾堀に近づいた者たちである。

敵陣の身がくしに二間に三個作られている銃眼（鉄砲狭間）から、四秒に一発の速度で弾丸込《たまご》めされ、鉄砲から間断なく発射される必中弾による即死であった。

銃口からの距離は三間。必ず命中し必ず即死する近距離射撃である。

屍体のあるものは乾堀に落下し、あるものは屍体に折り重なり、山をなしていたが、つづけざまに噴射する濃い砲煙にかくされて、戦況を見守る本陣の友軍の目にふれることはなく、次々に突撃の命令は発せられていった。

武田軍の鉄砲隊苦戦の実証と推理

甲州武田軍の鉄砲隊の戦闘は、敵城や敵陣に肉迫攻撃を加える場合、仕寄具《しよりぐ》を使って、銃手を敵弾から護りながら、間断なく入れかわりつつ、はげしい銃撃を加えながら仕寄具を押し進めて、じりじりと敵に迫るという戦法である。

武田家では、仕寄具の研究製作は早くから進んでいて、竹束や、竹束をたてかける竹製の三角型の台「うし」を前方に転がして進み、竹束を前に移動する。

石子楯は、丈夫な木わくの箱の底に車輪をつけ、木わくの中に石塊をつみあげ、その陰にかくれて射撃しながら、敵に近づくという工夫である。

設楽原の決戦に、武田軍の鉄砲隊は、当然、用意した仕寄具のすべてを投入して、押し進んだことであろう。

しかし、設楽原の地型と土質、加えて十日間降りつづいた雨は、原全体を泥濘の海と化し、武田軍の戦術に意外な不利をもたらした。石子楯、その他の銃弾防禦用の移動用楯は、下部に車輪がついているにもかかわらず、いずれも重量があるため、泥濘にめりこんで動かせなかった。

竹束を並べて立てかける竹製の「うし」は泥濘の中を転がして、どうやら前進できたであろうが、「うし」も竹束も泥土にまみれよごれて、竹束の蔭から、竹束に寄りかかっての依託射撃は、装具も鉄砲も泥土によごれ、射撃不可能になるのでできなかった。

結局、武田軍鉄砲隊は、防禦具の利用はできず、泥濘の中を一歩一歩、のろのろと、全身を敵の銃弾にさらしながら、敵陣に近づくことを余儀なくされた。

筆者が設楽原の激戦地区（土屋右衛門尉昌次戦死の地の碑に接した右隣接地）に、新城市と設楽原をまもる会の御力添えで構築した織田・徳川連合軍の野戦築城陣地の、牆壁（身がくし）に作った数箇所の銃眼（鉄砲狭間）を、武田軍の方向から観測して見た体験から言えば、五間（約十メートル）もはなれると、銃眼は、はっきりと識別できない。

まして砲煙で白く煙っていれば、乾堀の縁（三間の距離）であっても、銃眼はまったく見えない。

防禦物のまったくない武田軍鉄砲隊は、すべって足を踏みしめることのできない泥濘の中で、銃を依托することができず、立ち射ちの構えで、さだかに見定めることも不可能な小さな銃眼を狙って射撃しなければならなかった。

それは命中率のきわめて悪い、悪条件の重なりであった。

武田軍の千挺あまりの鉄砲による射撃は、銃眼に命中することはほとんどなく、赤土の身がくしに喰いこみ、敵を殺傷することはほとんどなかったに違いない。

この点、信長の予言通り、「お味方一人も損なうことなく……」の言葉が実現された。

それに反して、織田・徳川連合軍の、身がくしの中に全身をかくし、銃眼に銃を依托し、銃口だけを小穴からのぞかせ、三間、四間の近距離から、余裕しゃくしゃくと狙い射ちする銃弾は一発必中の必殺弾であり、四秒に一発づつ発射される速度である。

信長の戦前の予言に、「悉く打ち果たしてしまう」あるいは、「揚ひばりの如く」とか、「御人数一首《かしら》も御出《い》でなく、鉄砲ばかり相加へ、足軽にて会釈《えしゃく》、ねり倒され、人数を打たせ引き入る、なり」など、赫々たる戦果を誇っているが、すべてが予言どおりに進展したのである。

これに反して武田軍は各個人での装塡と射撃であるから銃一挺の射撃速度は、十三秒から十五秒に一発という、格段の相違である。

武田軍の指揮系統乱れる

武田軍の銃隊は、十人一組の戦闘群（十人が行動を共にして敵陣に肉迫する方法）を、最小の単位としている。

竹束を並べ立てかけた「うし」や石子楯などの防楯があれば、十人がその陰に身体をかくしながら、肉迫しつつ銃撃を加える。

しかし竹束などの身がくしがなければ、一ヶ所にかたまることは、銃弾の的になりやすいので、どうしても散開して、ばらばらにならざるを得ない。

前述したように、泥濘にぬかるむ設楽原では、竹束など、防楯の使用が不可能であった。武田軍の鉄砲隊は、各自の判断で思い思いの単独行動をとり、ある者は水田の畦を這い進み、ある者は、ぬかるみを避けながら迂回するというように、のろのろと統制もなく敵陣に近づくということになり果てたと思う。

では指揮班の武将達は一体、どうしていたであろうか。

指揮班の武将たちは普通、騎乗で、兵士の行動を後方から見まもっていて、進路や速度や方向を指示し、采配、旗、法螺貝（陣貝）、陣太鼓、陣鐘、銅羅などで、陣形を修正し、変化させつつ、前方の兵を一指乱れず行動させる。

しかし設楽原の場合は、前述したように、馬をのり入れられる状態ではなく、砲煙と銃声で、目で見る指揮命令はすべてできなかったし、音響による命令伝達も、まったくできない状態を現出したため、指揮班は、兵士の進撃状態、戦闘状態、損害状態など、まったく把握できなくなってしまったと思う。

当時の戦争では、指揮者である、その隊の上級武将は、敵の鉄砲の射程距離に入ることは、めったになかった。

上級武将は、後方から指揮するのが常識であった。上級武将が最前線に出撃して戦死すれば、指揮者を失った兵士は全体的な統制を失い、烏合の衆と化して戦闘能力は低下してしまう。指揮者が最前線に出ることは、めったにあることではない。

しかし、設楽原合戦では、高名な上級の武将の戦死者がたいへん多い。

これは他の合戦では見られぬ歴史事実である。

その理由は、前述したように、地形と状況、そして硝煙と銃の轟音によって、兵士たちが統制を失ってばらばらになり、敵陣地に近づく兵士の姿は見えず、音声や音響による連絡もとれず、指揮班に兵の把握がまったくできなくなったからであろう。

指揮班の上級武将たちにとって、今、敵前で統制を失い、ばらばらになり、各自の判断だけで戦っている兵士たちは、自分の寄子たちであり、郷土の農民兵たちである。

むざむざと死地に放しておけるものではない。やむにやまれず、指揮班は兵士たちの最前線に進出し、兵士たちを把握し、戦闘を指揮し、至近距離から銃弾の的になって、戦死するという結果を招いたのである。

設楽原戦記中には、土屋右衛門尉昌次や、一条右衛門太夫信龍軍の兵士が、最前線の防御陣地である乾堀、木柵、身がくしを突破し、二段目の同様の陣地を破り、三重目の柵にとりつき、銃弾を浴びて戦死した、壮絶な最期を詳しく書きのこしているが、他の多くの指揮班の武将たちも、兵士たちも、ほとんどの戦死者は同じような状況下で死んでいったと思われる。

それでは、敵陣地に突入した武田軍の戦闘状況を、実証、推理してみよう。

まず、織田・徳川連合軍の陣地を詳しく実際に構築し、その実践的な効果を実証した上で、当時の実像に迫ることとする。

野戦築城陣地の考証と記述

設楽原における、織田・徳川連合軍の陣地は、厳重に秘匿され、武田方の眼にふれることもなく、武田方のスパイにも探索されることがなかった。

その陣地構築中は、連日雨降りで、遠くから観測できなかったこともあろうし、帷幕《いまく》（陣幕）を張りめぐらして見えなくしたかもしれない。そして火縄に点火した鉄砲を携えた見張りの兵が、二十四町の間、四六時中、厳重に監視して余人を近づけなかったと思う。降雨中の陣地構築は困難を極めたことであろう。梅雨期であったが、寒気にふるえ、泥土にすべり、構築に従事したのは、設楽原柳田前の住民達と兵士達ではなかったかと推理する。後に武田軍の敗色が明らかになったとき、武田軍の将、甘利郷左衛門尉信康が、柳田の住民が乾堀構築に手を貸したことを深く怨んで、柳田の庄屋権太の屋敷の門扉に寄りかかり、立腹《たちばら》を切って戦死したと古老の伝承がのこっている。現在その付近に、石碑がのこっていることは前述した。

この野戦築城陣地は、最前線に木柵、馬防柵を作らない。その理由は後述するが、最前線には、延々二十四町の間、幅二間深さ二間の乾堀をめぐらせている。

乾堀の後方に三尺幅の（一メートル弱）の犬走りをとり、木柵をつける。木柵は目の高さで約一尺のさしわたし（直径三寸三分ほど）、高さ八尺の自然木の丸太の根元二尺を地に穴を掘って打ちこみ、六尺を地上に出す。

丸太は二列に埋めこみ、横木二本を二本の立木の間にさしこみ、縄で巻きからみ、たてに割りを入れた結びかたで、縄を切ることなく、上の横木をからめ、他の縄で下の横木をからめる。柵をやり直すとき、そのままの縄が何度でも使用できるからである。

丸太の埋め方も二列にジグザグにしておけば、引き倒すにも押し倒すにも、丈夫ですぐには倒れない。また、ところどころに斜めに支え丸太を埋めこんで倒されぬ工夫をしていたかもしれない。

木柵の地上二尺ほどは、下枝を切りとらず、小枝をのこしたままで埋めこむものである。横に出っ張った小枝で敵の脚をすくう狙いである。木柵は関所、砦、館、城、陣地には必ずつけられる、きわめてありきたりのもので、設楽原の武田軍の陣地前にも当然あったはずであって、馬防柵と呼ぶのもどうかと思う。

木柵の後方に三尺幅の犬走りをへだてて、高さ四尺か五尺ほどに乾堀りを掘った土をもりあげた牆壁（身がくし）を構築する。

断面は二等辺三角型で、内側から外側に高さ頂上から一尺さげて、銃口を出す小穴の銃眼を二間幅の間に三個の割合でうがち、穴が土でふさがらぬように定型の木枠をはめる。銃眼の下の内側には、体をよせかけて銃口を銃眼からのぞかせるに楽な姿勢がとれるように土壁をくりぬき、内部にすべり止め（土でよごれぬため）藁むしろを張りつけるか、砂をまいていたと思う。

あるいは用心深い信長のことであるから、決戦当日の降雨を配慮して、簡単な雨ふせぎの屋根らしきものを作っていたかも知れない。

身がくしの後方の犬走りは、おそらく幅一間か、一間半はあったと思う。薬込め役（三人一組、銃三挺）二百八十組八百四十名と、玉薬火縄方が移動する空間であるし、ところどころにトイレの設備もあったと考えている。以上が乾堀、木柵、身がくしという野戦築城陣地であったと推理する。

この後方に、まったく同じ二重目の陣地、さらにその背後に三重目の陣地を築き、危険な場所（武田軍の侵入が予測される地形）には、この三段構えの陣地が、六重構築されていたと記録されている。まさに難攻不落の陣地で、信長が、「御味方一兵も損ぜず、甲州勢をのこらず破滅させる……」と開戦前に豪語した自信も当然のことと思われる。

世の中には筆者同様、異説をとなえる人が多い。まず最前線に馬防柵、次に乾堀、次に身がくしと言う人もいるが、これは間違いである。やはり乾き堀、木柵、身がくしとの順序でなくてはならないことを説明する。

もしも木柵（馬防柵）が最前線にあったと過程すると、織田徳川連合軍にとって、次の五つの不利なことが考えられる。

一、柵にとりつけば、引き倒すか、押し倒すか、焼き崩すか、とにかく柵を崩すことが簡単にできる。長熊手は十間（二十メートル）有効。

二、柵を崩さず引き倒し、長さを適当に崩し、乾堀に架け渡す橋にすることは簡単である。丸太を組んだ上を、這って渡れば、乾堀はいともたやすく渡れる。

三、柵に武田軍がとりつけば、銃を柵の横木に依托して銃眼を狙う拠点となり得る。

四、敵が乾堀の存在に気づかないで乾堀に転落することが多いという、欧州での歴史事実の記述が多いが、これは乾堀が、最前線にある場合の利点効果であって、木柵が最前線にあれば、転落するという効果はまったくない。

五、木柵を押し倒して、乾堀に投げこみ、その上に味方の戦死体を投げこみ、その上を越えれば、柵と堀の障害をなくし、身がくしに迫ることができる。

周到な信長が、以上の不利な条件に気づかぬはずがない。やはり、乾堀、木柵、身がくしの順に構築したと、古記録に記述してある順序が正しいと推理する。

火縄鉄砲軍団は一斉射撃できない

近代銃の軍団と火縄鉄砲軍団の大きな相違は、集団として一斉射撃は不揃いに発射され、不発銃も出て、充分な効果があがらないことである。十挺前後ならば可能であるが、百挺千挺となると、不揃いになる。

なぜかというと、鉄砲により発射に遅速があり、口薬の盛りかたによっても遅速が生じるからである。

火皿の中心にうがってある火口（火皿から直角に下方に向き、途中で水平に向き、薬室、銃身銃腔内の薬持ちに通じる細い穴）の細い場合と火口が火薬の腐触によって大きくひろがっている場合は、発射する時間が大きく変わってくる。

太くなった穴の火皿に、口薬を多く盛れば発射が早くなると誰もが思うが、口火薬が派手に燃えて外に炎があがり、ついで、薬室からの瓦斯《がす》が火皿から吹きだし瓦斯圧を弱め、発射も遅くなる。

細い穴の火皿に口薬を少量に盛り、火縄をおとせば、口薬の火は薬室内に吸いこまれるように早く入り、発射を早め、逆噴射で瓦斯圧が弱まることもないし、口薬の消費量も少なくてすむ。

口薬は盒薬を乳鉢で磨《す》って微粉にして使用するが、着火に適当な磨り具合がある。これも着火時間を左右するので、発射時間に影響する。

とにかく、火薬の調合、磨りかた、盛りかた、火縄の火力の強さなどのすべてが、発射の遅速に影響するので、銃により、操作する人により、遅速が生じる。

千挺も横一列にならんだ銃隊を、号令で操作するなど、できることではない。

第一、千人の銃隊の待ちかまえる正面に、千人の敵が来撃して来てくれれば、無駄弾丸《むだだま》もなくてよかろうが、そうあつらえ向きにというわけにはいかない。

敵が少数の場合は一斉射撃の必要はまったくない。銃口のすぐ前まで敵が迫ったとき、その真正面の銃手が射殺すればよい。いちいち号令をかけないでも、各自の判断で射つ以外はない。銃撃戦の中では号令などまったく聞こえないし、敵の近接状態など、指揮者の眼には、はいらないし、戦線を見通すこともできない。

砲煙で覆いかくされた敵影は、銃眼寸前に迫られた銃手以外には見えるはずがない。

千挺の銃隊を横に三列にならべ、一列つつ一斉射撃し、入れ替わって射ちつづけた、と設楽原合戦の三段射ちを書いている人がほとんどであるが、鉄砲に関する研究と知識が、あまりにも幼稚で滑稽である。

近代銃では、射ち方やめは簡単に実施できるが、火縄鉄砲では、火縄挟みから火縄をはずし、火蓋をかけて待つ。火縄を点火したまま左手小指と薬指の間に挟んで待つ。そして火縄消せの号令で火縄を消す。

近代銃では、「弾丸《たま》抜け」は、簡単に実施できるが、火縄鉄砲では、なかなか厄介である。銃身と銃床をとめている三個の目釘を目釘抜きで抜きとるか、胴輪を抜きはずす。

次に銃床から銃身を外し、尾栓まわしで尾栓をとり外す。

次に銃口から柵杖《さくじょう》（かるか）または細い鉄棒（胴突き）を入れて、薬室（銃腔下部の薬持ち）につまっている鉛弾丸、盒薬を、銃腔外に突き出す。これが火縄鉄砲の弾丸抜けである。三十発も射つと銃腔内がべとべとと汚れてくるので、水でよく銃腔内を洗い、尾栓をねじこみ、火皿、火蓋、雨おおい各部分を清掃し、元通りに結合して、いつでも射てるようにする。

火縄鉄砲隊の三段射ちは、敵の有無を度外視すればできると思う方もいるかもしれないが、不発銃という危険で難しい問題が生じてくる。十挺や五十挺では、不発銃は出ないと思うが、百挺、千挺という数で一斉射撃をすれば、かならず多くの不発銃が生じる。

この不発銃の処置は一体どうするつもりなのか。列を入れ替わったりする移動中に、いつ暴発するか、危険きわまりない存在となる。

火縄を外し、つけるだけでも、射撃時間の不揃いが生じるし、戦場での轟音や砲煙や、興奮状態の中では、二度込め（不発銃の上に更に装塡し、事故の原因となる）ということも生じ、火皿がふっ飛んだり、銃身がたてに裂けたりする原因となる。

不発銃が多く出れば、三段射ちは困難となって混乱が生じてくるはずである。

三段射ちは机上の空論で、虚構である。

三段構えの陣地をどうして突破したか

堀、柵、身がくしの三段構えの陣地を、いったいどうして乗りこえて、武田軍は侵入したのであろうか。その戦闘の状態を推理、実証して見よう。最前線、敵前三間（六メートル）すなわち、銃眼、木柵、乾堀に肉迫した武田軍は、砲煙と轟音と爆風と噴射する火焰と鉛玉の雨に包まれて、血しぶき血の池のなかに、ひれ伏していた。とても立っていられる状態ではなかった。

敵陣から身を守る楯として、折り重なって山をなしている味方の屍骸が役に立った、その戦死体の山の先に、大きな口をあけて通りをさえぎっている土地の裂け目が、陣地全面に掘りめぐらされている乾堀であった。

あるいは乾堀が掘りめぐらされているのでは、という予想もないわけではなかったが、現実に幅二間もあると見える堀に直面した武田軍の将兵は一瞬たじろいだであろう。

水を含んだ堀の縁《ふち》はすべって、堀の底に落下する危険があり、底におちれば、這い上がることは難しい。

折り重なって山をなしている、堀岸の味方の戦死体を堀に投下して埋め、文字通り戦友の屍を踏みこえて渡るということも考えられるが、それは心情的にできないことであったし、そのような作業中に目の前の銃眼から狙い射ちにされてしまう危険が多い。筆者は前述したように、日露戦役生き残りの軍人作家で『肉弾』という戦記を書いた、桜井忠温少将から、旅順のロシア軍の要砦、二〇三高地を攻撃したときの、日本軍の話を直接話し聞かされた。

機関銃の銃口がのぞく、厚いベトンの壁にならんだ銃眼の前に、幅五、六メートルの深い乾堀が掘りめぐらされていたというから、状況は設楽原の野戦陣地とよく似ている。

この時、日本軍兵士は、長い竹梯子と太綱を使って、乾堀（濠）に橋のように架け渡し、竹梯子の上を匍匐して渡ったが、銃眼からの機関銃の狙撃に全滅したという。

濠に竹梯子を架け渡すには、竹梯子の最先端の踏板に、長い綱を結びつけ、梯子を地上において挽《ひ》きずりながら、濠の近くまで運び、竹梯子の下端を二、三人で支え、綱を後方に引っ張り、梯子を垂直に立てて、濠のふちに運び、綱をゆるめながら、梯子を濠に架け渡すように降ろし倒し、梯子の上を匍匐して濠を渡ったという。

人間誰しも同じことを考えつくものである。おそらく、設楽原においても、武田軍は同様の方法で、乾堀を渡ったのではないかと推理している。

戦国時代の合戦では、長柄の槍が利用されることがたいへん多い。

当時の槍組のつかった雑兵用の長柄は、打柄《うちえ》とよばれる、寄せ竹の二間半か三間柄など、長く、軽く、丈夫で絶対に折れず弾力のある槍柄が用いられた。

槍の中心に丈夫な角材を入れ、その周囲を数本（五、六本から十二本）の三角に削った竹材で放射状に囲み、その上に麻布を巻き、うるしで塗った製作である。

この長柄槍を数十本（数十筋）乾堀に架け渡せば、たちまち橋の代用になる。

武田軍は、あるいはこの方法で乾堀を這い渡ったかもしれない。

木柵や牆壁（身がくし）も、梯子や長柄槍あるいは、人垣（人梯子）を組んで、よじ登り乗り越えたものと思う。

あるいは銃眼からのぞく鉄砲の筒先を摑んで奪おうとし、隣りの銃眼から狙撃されたかもしれない。

すべてが、轟音と喚声、砲煙と血しぶきの修羅場で、指揮する上級武将も鉄砲組、槍組、金掘り衆も、一体となって力を合わせて、鉄壁のコルドバ式陣地にぶつかり、突破しようとしたのである。

しかし乾堀、木柵、身がくしの三段陣地は、二重、三重、四重、多い場所には、六重に作られていた。身がくし内部に突入すれば、鉄砲隊は三十間、五十間につくられた出入口（堀、柵、身がくしと出入口は各々三十間、五十間をへだててジグザグに作られ、まっすぐには移動出入りできない）から無傷のまま撤退して銃眼から狙撃してくる。

武田軍は一重を破り、二重を破り、三重目の陣地で、全員力つきて戦死したという。

土屋昌次や、一条信龍軍将兵の壮烈な戦死は、おそらく、このような状況下においてであろう。以上が、武田軍上級武将の戦死が多かった理由であろうと実証、推理する。

二つの奇襲迂回部隊の比較

天正三年五月二十日夜、設楽原で対峙する織田・徳川連合軍と、武田軍、双方の陣地から、二つの夜襲部隊が、どしゃ降りの雨にまぎれ、ひそかに出撃した。

堅固な陣地によって睨み合っている両軍、この膠着状態を打ち破り、敵側を出撃させて絶滅しようという作戦は誰しも考えることである。

迂回部隊の奇襲作戦も、また、誰しも考えつくことで、二十日夜の企画は遅すぎた感がある。

そして鳶ヶ巣城とそれを取りまく砦に対する夜襲作戦は成功し、牛久保城に対する織田・徳川軍の背後を攪乱する夜襲作戦は、不運にも失敗した。

そしてさらに不運なことは、武田軍のこの企画は、歴史から除かれ、記録もほとんどないに等しい。

鳶ヶ巣城攻めが勝利に終わり、徳川軍の壮挙と歴史に残ったのに反し、牛久保城攻めは惨敗し功を奏しなかったためか、歴史の上でも世評からも、なかったように無視され、武田軍の作戦は、いかにも無策であったように印象づけられている。これも武田軍の不運のひとつであると思う。

前述したように、太田白雪著述の『三河国軍物語』中に、簡単な記録がのこされていることと、設楽原をまもる会の会長、今泉正治先生の御教示による地元の伝承が、筆者の手元にある。

武田軍の牛久保城攻めの、奇襲迂回作戦は、織田・徳川軍の待ち伏せにあった地名である宝川を冠して、「宝川合戦」と、『三河国軍物語』中に掲載されている。

この敵味方両軍の奇襲迂回作戦を比較するに当たって、記述の繁雑を避けるために、武田軍の牛久保城攻撃の迂回部隊を「牛久保城攻め部隊」と略して呼び、織田・徳川連合軍の鳶ヶ巣城攻撃の迂回部隊を「鳶ヶ巣城攻め部隊」と略称して記述する。

武田軍は、織田・徳川連合軍の士気が低く、攻めかかってくる気配がまったくないと信じていた。しかし陣地を一歩も出て来ない敵を武田軍が攻めれば、相当な損害を出すであろう。それよりも、敵陣地の背後にある要衝、牛久保城を攻め落とせば、織田・徳川連合軍は前方と背後から武田軍にはさみ討ちになるわけであるから、全軍が動揺し、総崩れになって逃亡すると判断して敢行された迂回作戦であった。

一方、織田・徳川連合軍は、敵将武田勝頼と武田軍団を潰滅させる千歳一遇の機会であると、絶対破られぬ野戦築城陣地を築き、武田軍の攻撃を待ちかまえているのに、武田軍は攻撃に出ない。このまま撤退されれば、二度と再び、武田軍を潰滅させる機会はないであろう。どうしても、築いた野戦陣地の正面から総攻撃をしてもらわねば困るのである。

そのために、武田軍を撤退できない条件に追いこまねばならない。

もっとも有効適切な方法は、人や食糧の運搬に必要な馬をつないでいる、武田軍陣地のうしろにある馬囲《がこ》いを急撃して馬を切り放し追いちらすことと、兵糧を焼き払って、滞陣することもできないし、退却することもできない兵糧攻めにすることである。

そうするには、夜間の奇襲攻撃で、武田軍に気づかれぬように、武田軍の背後に廻りこまねばならぬ。

しかし長篠城をとりかこむ監視としては、鳶ヶ巣文殊山城と、要所要所に多くの砦が配置され、剽悍な浪人組衆団が配属されている。不意を衝《つ》いて鳶ヶ巣城と多くの砦を焼き払い、長篠城を囲む武田勢を潰滅させれば、武田軍は前面と背後に、敵を迎えることになる。退却できない武田軍は、弱兵とあなどっている織田・徳川連合軍陣地を攻撃して、一挙に勝負を決しようとして、突撃してくるに違いない。膠着状態を破るには、この迂回奇襲作戦以外の方法はない、という結論から企画されたものである。

奇襲作戦が成功すれば武田軍を殲滅できるし、失敗すれば敵は撤退するので、決戦はできなくなるという推移が予想され、織田・徳川連合軍にとっては、乾坤一擲の賭けであった。

この迂回作戦の重大性に、織田・徳川軍は決戦を前にして大切な鉄砲五百挺と、四千人という大部隊を奇襲部隊に投じて必勝を期したのである。

二つの敵・味方の迂回部隊の目的は似ていたが、期待と意気込みは格段の相違があった。そして人数も四千人と二、三百人と相違し、携行した鉄砲も、五百挺と百挺程度というひらきがあった。

鳶ヶ巣城攻略の部隊が辿った暗夜の道筋は、平坦な道は織田・徳川軍の勢力圏であり、峻険な山路や岩場は敵地であったが人家もなく、見張りの兵もいなかった。

牛久保城攻略部隊の通過した作手《つくで》高原は、低丘陵や小山の点在する平坦な道であったが、立木が少く禿山が多く、人家が点在していた。住民は徳川家の奥平氏恩顧の土地であり、武田軍の宣撫工作にもかかわらず、織田・徳川軍に加担していたので、迂回部隊の通過を目撃した農民は、早馬で牛久保城に、迂回部隊の通過を速報した。

牛久保城から、信長の家臣丸毛兵庫と、福田三河守の手の者、数百名が迂回部隊を待ち伏せるため出撃して、現在の宝飯郡一宮町の宝川に急行した。

牛久保城攻略部隊の武田の兵は、敵に発見されぬように用心して、長篠城の包囲地区、有海原《あるみ》を出発すると、大きく迂回して、横山、滝川、七久保、荒原、大田代、和田、見代、戸律呂、本宮山、上長山、宝川まで、暗闇の雨の中を歩きつづけた。

その距離は、約六十九里（約二十七・五キロメートル）、敵地を歩くのであるから、おそらく甲冑を身にまとったままの行軍であったと思う。

その疲れきったところを待ち伏せされ、不意に襲撃されたのである。

しかも織田軍の待ち伏せ隊は兵力も多く、鉄砲の数も多かったに違いない。

『三河国軍物語』四の末尾に、きわめて簡単に、「牛久保より早、宝川に出張して、敵の計をくじきけるゆへ、相違して、しばらく相戦い相引きすと言う」と、記されている。

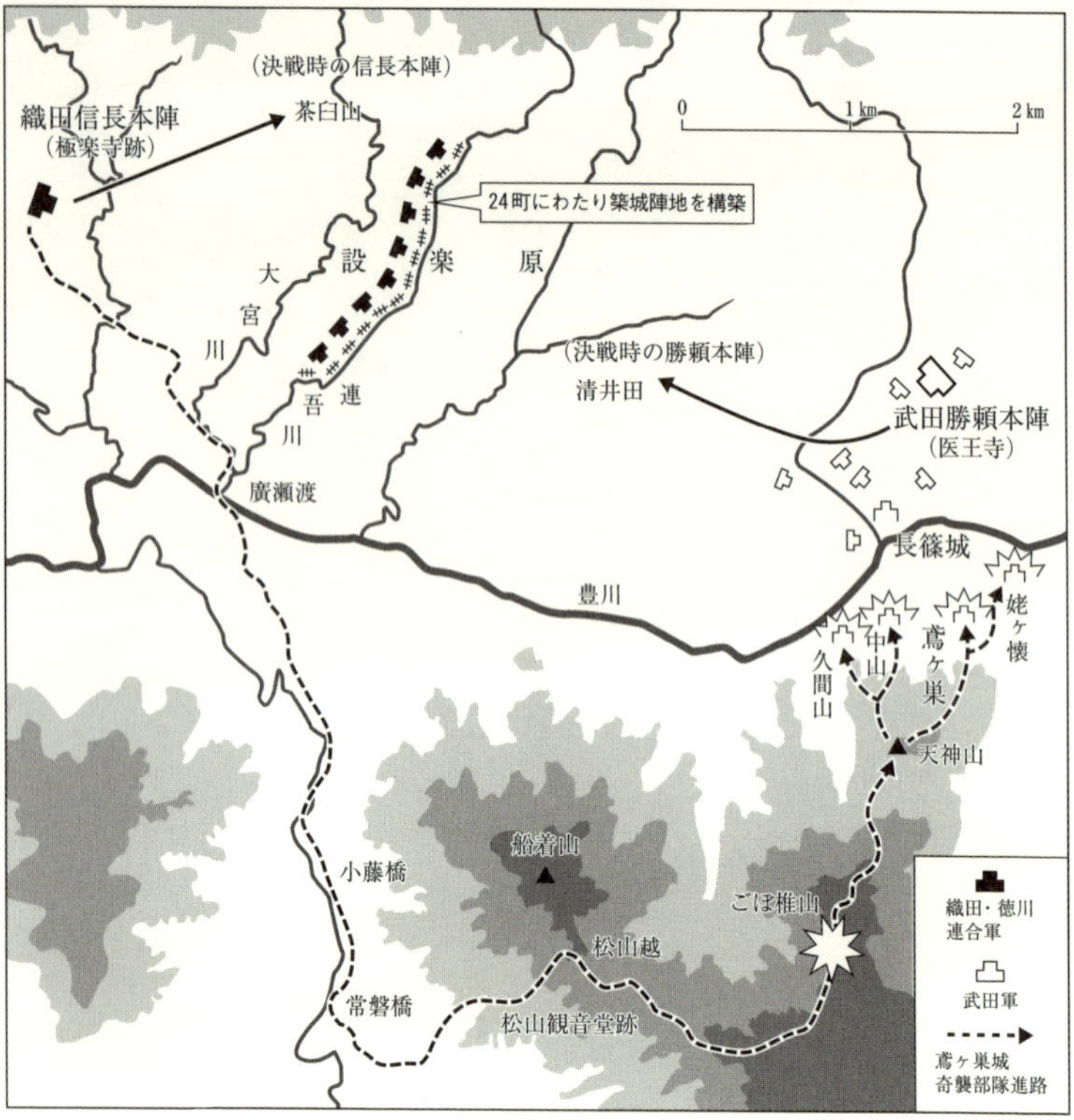

鳶ヶ巣文殊山城奇襲要図

戦線は宝川の西方、足山田に移動し死闘をつづけたが、迂回部隊は壊滅状態になって、目的の牛久保城を攻撃することも不可能になり、設楽原の本陣に、宝川の戦況を連絡することもできなかったのである。

武田軍の不運は、この牛久保城攻略の迂回作戦の失敗から始まったとも言えるのである。

織田・徳川軍の、鳶ヶ巣城攻め部隊の進路と状態を検討してみようと思う。

織田・徳川軍の夜襲迂回部隊四千名が織田信長本陣のおかれた極楽寺跡から出発したのは、二十日夜八時頃ではないかと思う。

暗夜、降雨の中を灯火をもたず、高声をつつしみ、馬は鳴かぬように舌をしばり、粛々と出発した。道を東南にとり、富沢、設楽、広瀬と進んだ。この地域、豊川の北地区は、織田・徳川軍の設楽氏の領地である。

ここで豊川を広瀬の渡しで渡河して、さらに東南に進む。大入川の左岸を通り、小藤橋、常盤橋を経て吉川に至る。

本陣から吉川まで十六里（六千四百メートル）の距離である。これまでは平坦な地勢であるが、次の、松山観音堂跡には、道を東北に大きく迂回し、松山越えの難所に至る。

部隊は松山観音堂あとで甲冑具足を脱ぎ、背に担い松山峠越えにいどんだ。

乗馬の指揮者も馬を降り、三百メートル余りの難所は、幽谷深くきれ、傾斜はなはだしく、五月二十日の宵闇は暗黒で、進むことができなかった。

総指揮者の酒井忠次《さかいただつぐ》は、案内人を先にやり、用意の太綱を木の根に結び、これを手ぐって登れと下知し、嶮所をよじのぼった。

幸い谷におちる者もなく、ようやく菅沼山に辿りついた。

ここで敵陣が近いので、全軍、担いでいた甲冑具足を解いて着用した。

菅沼山から、進路を北に辿れば、ごぼ椎《しい》山を経て天神山に至る。

吉川より天神山までの距離は五千二百メートル。天神山の分岐点から道を北にとれば、千メートルで鳶ヶ巣文殊山城。

天神山分岐点から道を西北にとれば、八百五十メートルで、左方に久間山《ひさまやま》砦、同じく八百五十メートルで中山砦に至る。

鳶ヶ巣城の東を北方に進めば千メートルで武田軍浪人組の守る、姥《うば》ケ懐《ふところ》に至り、その東方百五十メートルに、和田兵部の陣地、君《きみ》が臥床《ふしど》がある。

酒井忠次は猛将であるが、思慮分別のある知将であったと思えるのは、万が一、この夜襲が失敗に終わり撤退する場合は、菅沼山に集結し、竹の輪、小畑、宇利、黒田を経て、新城へ出て、設楽の御陣所へ帰投せよと、適切な指示を与えている。

武田家浪人組の、名和無理之介は、中山の砦をまもっていて、夜襲攻撃を受けて華々しく戦死をとげている。

梅雨期の、むし暑い夜半、おそらく夏衣か裸で寝入っていたであろうところを奇襲されたにしては、武田方はよく戦った。

城も砦も、取られては奪いかえし、またとられるという激闘を繰り返して、潰滅している。奇襲戦であったことと、鉄砲五百挺の携行と四千人という予想もしなかった大部隊の夜襲が功を奏したのであり、不意を狙われる側と不意討ちにする方の相違を感じる。

第5章
再現　設楽原の惨劇

推理と実証による戦闘の実際

攻撃に終始した武田軍と、身がくしから一兵も出ず、守備に徹した織田・徳川連合軍。両軍の決戦の実情を、時間的に推理してみよう。

警戒厳重で敵陣地内の防御施設の状態がまったく判明しない場合、夜間の真暗闇の中に突撃することは危険きわまりないことである。

日の出前の暁闇にまぎれて準備を終え、日の出を待って突撃するというのが、最も合理的な方法であり、武田軍の第一陣、山県隊も午前六時頃、日の出を待って出撃した。

突撃の命令は、陣貝、押太鼓、陣鐘を、序破急《じょはきゅう》と吹き鳴らし打ち響かせ、喊声とともに、第一波の数百名が突っこんでいく。

目ざすのは、目前の木柵（馬防柵）である。武田方の全軍の視覚は、濃くとざされた白い朝霧の中を黒々と押し進んでいく友軍山県隊の戦闘状態である。

距離のはなれた武田軍には、視覚はまったくとざされているので、友軍山県隊の突入の成否は、聴覚にたよる以外の方法はないわけである。戦場の騒音の中から突入の状態を知ろうと聞き耳を立てて、うかがっているのである。

間もなく、想像もしなかったほどの、天地も裂けるような轟音が、設楽原全域を包んで、ごう、ごうと連続して天空と大地をゆるがせた。それは武田軍はもちろん、織田・徳川軍も予想だにしなかった、すさまじい轟音であり、炸裂《さくれつ》する火焔の連続であった。

山県隊前面の銃眼数百挺の火縄鉄砲が、四秒間隔で、連続して火を吹いているのである。乾堀まで這い進んだ山県隊の突入集団は、この地獄の劫火にまきこまれて、あとからあとからと続けざまに、屍骸の山を築いていったのである。

そして、この世の終わりかと思われるような轟音とともに、設楽原の低湿地帯を突然包みこんでしまって、序々に濃度を増してくるまっ白い煙の壁は、銃口から吹きだす火箭とともに、わきあがる硝煙の目くらましであった。突撃した部隊はもちろんのこと、武田軍、いや織田・徳川連合軍でさえ、聴覚と視覚をまったく奪われた、魔の時間帯であった。

やがて四周の山々に木魂《こだま》をのこしつつ、散発する銃声もまばらになり、声という声、音という音がはたとだえると、武田軍の陣営で打ち鳴らされる、信州諏訪神社の祭礼太鼓の囃子《はやし》、「お諏訪太鼓」のはじけるような勇壮な、数十個の大太鼓と囃子の叫び声が、別世界のもののように、異様な雰囲気をかもし出しつつ、遠くかすかに湧きあがってくる。一時は麻痺《まひ》していた聴覚が、徐々に恢復してくるのであった。

突入部隊の兵士にも指揮者にも、最前線での惨劇は、全然わからなかった。

白く濃い硝煙の中にある前線の地獄絵は、気負い立っている山県隊の第二波突入部隊には、夢にも考えられぬ出来事であった。

喚声と銃声がとだえ消えたとき、銃眼の織田・徳川軍の銃隊は、突撃して迫ってきた第一波の突撃隊の潰滅を確認して、第二波に対する準備に没頭していた。

まだ晴れきれぬ朝もやの中で、山県隊第二波の指揮官は、第一波は、すでに敵を蹂躙《じゅうりん》して、敵陣深く進入していったものと戦況判断を下した。

「味方に遅れるな。一番乗りの功名はわれらの部隊に。急げ！」

と、はげしく下知し、朝もやの中、泥濘の中や田の畦を這い進んだのである。

その結果は、第一波の突撃部隊とまったく同じように全滅の運命を辿る。

朝もやは徐々に晴れて、設楽原は普段と同じ状態になっていったが、白煙は朝もや以上に低くたてこめ、銃声の起こるたび、濃度を増し、無風状態の設楽原に充満し、武田軍の戦死体をおい、友軍は潰滅の事実に気がつくことができなかった。

つづく第三波、第四波、第五波と、突入部隊は、次々に突撃し、次々に全滅していった。

武田軍の放つ銃弾は、銃眼に命中することはほとんどなく、織田・徳川連合軍は銃による死傷者はまったくなかったと思う。

それに反して、武田軍の戦死者の大多数は、銃眼の内部から狙い射ちにされた、至近距離からの即死者がほとんどであったと思う。

この戦闘法が、信長がはじめから工夫し、実行に移し、その予想通りに思うがままに推移した、理想的な勝利であった。

当日の天候、無風状態が、信長軍に幸いしたことはもちろんであるが、砲煙が吹き散らされず、低くたてこめたことは、信長の予期しなかった効果を生んだのである。すなわち、白く濃く立てこめて消えない砲煙は、乾堀前で殲滅されていく武田軍の惨状を、友軍に目かくししてまったく見せなかったのである。

自軍は織田・徳川軍の陣地を突き破り、敵を追いちらし、信長の本陣深くに侵入していったと断定した武田軍の第二陣は、総大将武田勝頼の叔父にあたる、武田逍遙軒孫六入道信廉《しょうようけんまごろくにゅうどうのぶかど》の部隊であった。

硝煙にまぎれて、第二陣の攻撃が開始されたが、まもなく轟音と硝煙中に潰滅。

つづいて第三陣は、西上野の小幡上総信貞の部隊。小幡隊は全軍赤具足で、後方に馬を索き、長槍と大刀で敵陣に殺倒し、敵が浮足立つ中盤戦では、騎乗して逃げる敵を追いくずすという戦法で有名な部隊である。

平場の戦いに得意な小幡隊であるが、設楽原の戦場はまったく事情が異なっていた。

第一、泥濘で馬を入れれば腹まで沈んでしまい歩けなくなる。

乾堀、馬防柵、身がくしの三段構えの鉄砲陣地が、二重、三重、四重、と築かれている、城攻めのような戦場である。

銃眼から狙い射ちされる銃口の正面から騎乗で近づくのは、自殺行為以外の何者でもない。

当然、小幡隊は全員徒歩で、硝煙の泥濘地を這うようにして進み、轟音と銃弾の雨の中で潰滅していった。

武田軍の武将の指揮する各部隊の、波状攻撃の順序と攻撃目標と地域については、種々異説があって、今となっては、いずれが真か、証明する手立てはない。

この記述では、『信長公記』による。

第四陣は、勝頼の従弟、武田典厩信豊《てんきゅうのぶとよ》の指揮する部隊であった。

この部隊は、全員が黒具足に身をかため、押太鼓を打ち鳴らし、硝煙と轟音の敵陣地に整然と突入して、再び還ってくることはなかった。全滅したのである。

乾堀、木柵、身がくしの三段構えの陣地を突破し、そのうしろの三段構えを突破し、三重目の木柵まで攻めこみ、潰滅した部隊もある。設楽原の中央部に近く、戦死の地を示す石碑が建立されている、土屋右衛門尉昌次の部隊と、一条右衛門太夫信竜部隊、穴山陸奥守信君部隊、真田源太左衛門信綱、真田兵部丞昌輝部隊も順次突撃し潰滅していった。

武田軍右翼の総指揮者、馬場美濃守信房部隊の戦いぶりは一時敵を取り拉《ひし》ぐ勢いを見せたが、四秒間で速射する数百挺の鉄砲の威力の前に各隊は次々に潰滅していった。

徳川軍が陣地から出撃した事実はない

戦記中に、徳川勢の一部が陣地から出撃して、武田軍と白兵戦を交えて、武田軍を木柵の正面におびき寄せて殲滅したという記録がのこされている。

陣地から出ての白兵戦となれば、鉄砲は大変使用しにくい。長槍か、大刀での近接戦となる。それでは徳川勢に利はない。

この記述は信ずるべきではない。徳川勢の勇猛さを宣伝するために、徳川家が政権を獲得したのちに、書き加えられた記述と見るべきである。

陣地を抜け出し出撃すれば、白兵戦となる。野戦の戦闘になれば、武田軍に利がある。

信長は、陣地から一兵も出さぬように命令している。徳川軍が陣地から出ることは、軍令違反である。

しかも、信長の構築した野戦陣地そっくりな乾堀、木柵、身がくしの陣地を、設楽原に実地に作って出入りを実験してみた筆者は、陣地から出ること、陣地に入ることの困難さと危険さをひしひしと感じた。

とても出入りできるものではない。

もっとも、これが当然なことである。陣地への出入りが、いとも簡単にできるようであれば、武田軍も簡単に侵入してくる。

侵入できない設計に作ってあるからこそ、勇猛果敢な武田軍が殲滅されたのである。徳川軍が、陣地から出たり、引きあげたり、いとも簡単に出入りしたということは、まったく考えられない絵空事というべきであろう。

筆者の実証と推理によれば、織田・徳川連合軍の兵士は、設楽原の野戦築城陣地からは、一兵も出撃することなく、ひたすら守りに徹して、牆壁内に身をかくし、銃眼を死守したであろうと思う。

『信長公記』をいま一度引用しよう。

「悉《ことごと》く討ち果さるべきの旨、信長御案を廻らせられ、御見方《みかた》一人も破損せず候様に、御賢意を加へらる」

「かくの如く御敵入れ替え候えども、御人数一首《かしら》（一人）も御出でなく、鉄砲ばかり相加へ、足軽にて会訳、ねり倒され、人数を打たせ、引き入る、也」

武田軍の力攻めを予想した信長は、絶対に破られぬ強固な陣地を築き、牆壁内に鉄砲隊をかくし、銃眼から狙い討ちにし、陣地からは一兵も出撃させないという作戦を、はじめから確実に実行したのである。

味方は一兵も損ずることなく、敵をみなごろしにすると、自信をもって言いきっている。

敵前逃亡について

大きな合戦になると、敗色濃い側では、敵前逃亡ということも起こることが多い。

設楽原の決戦では、前述のように、大勝に終わった信長軍に大量の敵前逃亡の足軽があったことは、たいへん珍しい。

設楽原の最前線陣地は、川路村連子橋から宮脇、森長、浜田まで、二十四町の間に、乾堀、木柵、身がくしの三段構えの陣地、敵の進撃が予想される危険と思われる場所には三段構え陣地を、二重、三重、四重と用意したと記録してある。

身がくしの内部は、幅一間半か二間幅の通路をとり、身がくし内は、銃隊や薬込め役や、玉薬方、指揮班が自由に通り抜けできる設計である。

指揮班の役目の一つに、玉薬を捨て、射撃しない射手を監視とりしまる役もあり、鉄砲をもって逃亡しようとする者を斬りすてる役目もあるわけである。

筆者の推理によれば、牆壁内の諸手抜き鉄砲隊からの逃亡兵は、まったくなかったと思っている。鉄砲隊から敵前逃亡兵が出なかったとする根拠は、

一、牆壁内での安全感。戦死者、負傷者がほとんど見られない。

二、鉄砲隊長や軍監が、歴戦の著名な武将ばかりで、信頼できる人たちであった。

三、牆壁内は見通しがよく、身をかくすものがない。

四、諸手（各大名武将）から選抜された鉄砲隊であるから、逃亡や背信行為があれば、主家に迷惑や禍《わざわい》が降りかかる。

五、銃撃戦は終始、味方が優勢であったこと。

すなわち、織田軍の逃亡兵は、戦死と発表された、約六千名の足軽である。

最前線の足軽ならば、恐怖から逃亡することもあり得ると思うが、なぜ、後方に配置されていた足軽が逃亡したかというと、後方にあっては、最前線の優勢な状況が見えない。聞こえるのは、戦場の騒音と銃声、見えるのは硝煙だけである。

日の出から始まった武田軍の突撃は、午前六時から午後二時まで延々八時間に及んだ。

『信長公記』に「五月二十一日、日の出より寅卯《とらう》の方に向けて、未《ひつじ》の刻まで、入れ替り入れかわり相戦い、諸卒をうたせ、次第次第に無人になり、武田四郎旗本へ馳せ集まり」と、八時間の戦闘を描写している。

織田軍の後方に配置されている足軽たちは、織田家や織田家武将の領地に土着している農民兵ではない。

賃銀でやとわれている職業軍人であるから、合戦が味方に優勢であれば勇敢に戦うが、敵が優勢で、生命の危険にさらされると、生命《いのち》あっての物種……と、つい脱走してしまうことになりやすい。

設楽原の場合、八時間も攻め立てられれば、勝敗を危ぶみ、動揺するのが当然である。

今にも敵がなだれ込んでくるのではあるまいか、迂回した敵が背後に現れるのではないかと、疑心暗鬼の果て、六千名の足軽が逃亡したのであろう。

敵前逃亡は、武田軍の部隊にも見られる。穴山信君の部隊、跡部大炊之助の部隊など、戦況の惨状に恐れをなして逃亡している。

勝頼の親類筋の中で、設楽原合戦に参戦しなかった武将もいる。

武田一族の総力を結集してというわけにはいかなかったのである。

参戦しなかった武将（親族中で）は、勝頼の弟で高遠城主の仁科《にしな》五郎盛信、武田信玄晴信の第六子である葛山《かづらやま》十郎信貞、天正十年一月に勝頼にそむいた木曽義昌などである。

信玄が統率した頃の武田家は、信玄の威令で、武将（二十四将）から、末端の兵卒まで、一糸乱れぬ行動がとられていたのに、勝頼の威令がうすれたのは、いろいろな理由があったであろうが、根本の原因は、勝頼の母が、信玄に滅ぼされた諏訪氏の娘であり、勝頼は、諏訪四郎勝頼であって、武田家の頭領とは認められず、陣代という地位の大将であったことが禍いして、家中の足並みが揃わず、ことに、信玄時代の年輩の遺臣、老将との間が、しっくりいかなかったのである。

設楽原合戦の天正三年、勝頼は三十歳。織田信長は四十二歳。徳川家康は三十四歳であった。

いうならば設楽原合戦は、天候と作戦と謀略による勝利であり敗北であった。

さらに悠久の歴史の流れから見れば、七年後の武田家の滅亡と、同じ年、本能寺における織田信長の謀殺を思えば、設楽原の一万数千名の犠牲に、いったい何の意義があったと言うのであろうか。

両軍の兵力と戦死傷者の考察

古文書に記録された合戦時の兵力ほど、あいまいなものはない。

記録した人の立場により、その算出方法がそれぞれ異なるからである。

また戦場に集合した人数の中には、戦闘員にまじって、荷物、糧食の運搬に従事する非戦闘員もまじっているから、ますますややこしくなる。

戦端がひらかれた当初の兵力は、長篠城中の籠城軍兵力は五百名、鉄砲数量五百挺といわれている。

長篠城を攻撃した甲州武田軍は、二万七千名。鉄砲数量は二千挺と推理される。

守備する側と攻撃する側の、兵力も鉄砲の数量も、常識的な釣り合いである。

普通、守備と攻撃は、一対三といわれている。

長篠城から派遣された密使、鳥井強右衛門の働きにより、援軍として設楽原に到着した織田・徳川連合軍は、その数五万名といわれている。

鉄砲の数量は、鳶ヶ巣城奇襲攻撃に携行した五百挺のほかに、陣地内前面の身がくしにうがった二千百六十個の銃眼に二千百六十挺を配置し、敵攻撃軍の数が多い地域に、重点的に移動させて装填を手伝う、分業三人組弾丸込め役のための、八百四十挺。合計三千挺と推理している。

織田信長軍の兵士は、金子でやとわれた職業軍人で、足軽と呼ばれる者たちであるから、農閑期であろうと、繁農期であろうと一向にかまわず、戦闘に専念する。

これに反して、甲州武田軍団の兵士は、ほとんどの者が農民兵である。

農民兵は勇敢でねばり強く、軍律命令をよく守り、卑怯な振舞いや悪事は働かない。

なぜかというと、各自が村に帰って生活しなければならず、家族と土地が待っている。村に帰って、戦地での振舞いは、何かと噂にのぼる。悪事や卑怯なことが取沙汰されると、村八分にもされる恐れがある。

それに反して、戦場での振舞いが立派であれば、村内での顔がよくなる。

しかし農民兵は、農閑期には戦いに専念できるが、田植えや収穫の繁農期になると、戦争の方を投げだしても、早く帰国したがる。一刻も早く帰って、農事に専念しないと、家族全員が飢えてしまうし、領主に年貢もおさめられなくなるからである。

設楽原の決戦は、天正三年五月二十一日（太陽暦では七月九日）の梅雨期《つゆどき》で、農村では田植えをしなければならぬ時期であった。

筆者の推理では、六千名くらいの武田軍が設楽原決戦には参加せずに帰国したと見ている。

ここで武田軍の兵力を推理し算出してみたいと思う。

長篠城を囲んだ当初の甲州軍団の総数は、武田方では二万七千名と称している。

その後、長篠城攻めのはげしい銃撃戦と白兵戦での死傷者を二百名と推理する。

鳶ヶ巣文殊山城の夜襲を受けた白兵戦での死傷者を二千名と推理する。

次は武田方が仕掛けた迂回作戦である、宝川合戦（牛久保城を目ざしていたが、密告され、宝川で待伏せにあって潰滅した）での白兵戦の死傷者は二百名と推理する。

前述したように、長篠城攻めののち帰国した武田軍農民兵は六千名ほどと推理する。

結局、二十一日の設楽原決戦に参加した武田軍の兵力は、一万八千六百名と推理する。そして、二十一日暁天から午後二時頃までの、織田・徳川連合軍陣地に突撃して銃撃されて戦死した兵士の数は一万二千名、武田軍が崩れ立ち、逃亡しはじめ、追撃された白兵戦での死傷者と水死した者は二千六百名と推理する。

最後に甲州まで生還した兵数は四千名と推理するが、いかがなものであろう。

織田・徳川連合軍の戦死傷者で考えられるのは、長篠城守備戦で五、六十名。宝川合戦で百名。鳶ヶ巣城奇襲作戦では三百名。総崩れになった武田軍追撃戦では百名と推理する。そして、設楽原築城陣地内での戦死は皆無であったと推理する。身がくし、木柵、乾堀から一兵も出て行かないから怪我をすることさえ考えられない。戦死者行方不明者六千名という数字は足軽の逃亡兵の数を計上、疑装したものであろうと思っている。

信長の予言通り、「お味方一人とても損傷なきよう」が実現された、謀略の勝利であった。

信長、上杉攻めの同盟に武田を誘う

設楽原で武田勝頼軍を潰滅状態に追いこんだ織田信長の前に立ちふさがった恐るべき敵は、越後の猛虎、上杉謙信であった。

信長は、謙信と戦うことは極力避けたかったに違いない。上杉家と友好関係を保ちたいため、書翰を送り、洛中洛外図屛風や色々縅《おどし》の胴丸を贈ったり、いろいろと気をつかっている。

上杉謙信という武将は、戦国の将としては不思議な人で、領土的野心を持っていないような行動が見られる。

ではなぜ、合戦を起こすかというと、謙信にとって合戦は、男の美学という受けとり方ではなかったかと思う。

信長の全国制覇のためには、謙信を制したあと、京都に旗を立てる以外の手段はない。

その恐ろしい敵、謙信から、春の雪解けをまって一戦交えたいという挑戦状が届いた。謀略にすぐれた武将信長は、上杉家と武田家が長い間、十回もの戦闘をくりかえして、互角の勝負をしてきたことを利用しようとした。

信長は武田勝頼に、上杉謙信討伐の同盟軍に加担してもらいたい、という書翰を書いて、勝頼の返書を待った。

が、ついに返事は来なかった。

この話を古文書で読んだ筆者は驚いた。つくり話であろうと思っていろいろ調べてみると、史実であるらしい。

設楽原合戦で、謀略につぐ謀略を用い、あれだけ悲惨な殺戮を与えた相手に、よくもよくも白々しい手紙を書けたものと思った。

おそらく勝頼も呆れて、これは相手になれぬ人物と驚いたに違いない。

「昨日の敵は、今日の友」と、簡単に割り切れた時代ではなかった。信長を、第六天の魔王と陰口した人たちのネーミングは適切である。

長篠・設楽原合戦こぼれ噺《ばなし》

こばみ難き　甲斐の権勢にしたがいて
　我が上野《こうづけ》びと　多く討たれき

土屋文明先生の、郷土上野（群馬県）出身の小幡信貞部隊の潰滅を追悼した和歌である。

設楽原合戦の七年後、武田勝頼は自刃し、同じ年、織田信長は謀殺された。

設楽原に消えた一万人の死にいったい何の意義があったというのであろうか。

「われ十六歳の初陣、鳶ヶ巣文殊山の戦い」と、講談の大久保彦左衛門の科白《せりふ》に必ず出てくるが、彦左衛門は、この戦闘にはまったく参加していない。

いろいろないくさ噺《ばなし》が、鳶ヶ巣文殊山の戦にと書きのこされているのは、その名称が、いかにもロマンを掻きたてることと、この雨中真夜半の奇襲戦が、凄絶な白兵戦に終始し、暁方近く、武田軍が潰滅したという劇的な歴史事実による。

この項では、この両戦役にかかわった数人の人たち、それぞれの長篠、それぞれの設楽原についての、こぼれ話をのべてみたい。

『三州長篠合戦記』の著者、阿部四郎兵衛忠政

地元で発見された一冊の筆写本の内容が、筆者のこの著述の原典となった。

ここに一冊の筆写本の復刻本がある。

設楽原をまもる会（今泉正治会長）が、復刻したものである。原書は天正六年の奥書つき。

それまでの数十年の間、数多くの識者や、博士や陸海軍の高級将官がたの書かれた、いわゆる「長篠・設楽原合戦神話」を拝読しても、どう考えても納得できなかった歴史事実の嘘や誤りは、この写本の内容が、見事に打ちくだいてくれた。

織田・徳川軍の陣地については、「二十四町の間に、十三段に屯し、その陣地前には、二重三重に乾堀を掘り、土居を築き、柵を構え……」と記述してある。

この合戦記の著述者、阿部四郎兵衛忠政は、設楽原に近い乗本村の名主で、苗字帯刀を許された知識人で、奥平家と親しい関係で、織田陣営にあって、協力した民間人である。

決戦前の、織田・徳川陣の野戦築城に徴発された村民（農民）を督励して、乾堀を掘り、土居を築き、柵を植え、指揮者として協力したに相違ない。

鳶ヶ巣文殊山城の夜襲には、土地にくわしい案内者が四名選抜されて、暗夜豪雨の前進困難な夜行軍を成功させたが、その中の一名が阿部四郎兵衛である。

彼の著述になる『三州長篠合戦記』を読んでみると、織田・徳川方の人間というより、一民間人として高所に立ち、というより、ジャーナリスト的な立場にたって、淡々とありのまま、聞いたままを日記風に書きつづったという感じを受ける。

何の作為も感じられぬ、筆者阿部氏の、報道人としての淡々とした筆致は、読みおえた筆者に、かえって深い感銘を与えた。

謎につつまれた長篠・設楽原戦の謎解きの鍵を筆者に与えてくれた、阿部四郎兵衛忠政氏に深く感謝を捧げる。

戦場の後片付け、請負いの専門職

合戦場となった場所は、無人の原野や広大な河川敷や、山岳地帯や、田畑などの耕作地帯や村落や、人家密集地帯などいろいろである。合戦が終わり、勝敗が決まり、残された戦死体や焼けただれた戦具や物資の後片付けと戦場の掃除は、当然勝った方の責任で、戦争以前の旧態に近い状態になおされる。

耕作地や村落の場合、そのままに放置されては、住民や農民の迷惑はたまったものではない。

田畑は掘りかえされ、血の海と死体の山では、気持ち悪くて、耕作も居住もできない。

現に激戦地区の柳田の住民たちは、柳田地区から新間《しんげん》台地に集団移住している。現在の信玄台地である。

田畑は荒し放題では、農民や居住者にうらまれて、その後の政治工作に支障をきたすので、被害に対する保証はできうる限りのことをするのである。

この戦場の片付け、掃除はいったい誰がやるのであろうか？

戦前の陣地構築には、土地の農民、住人を徴発して使う場合が多いが、戦場の片付けは、専門職の集団に請負わせるのである。

なぜかというと、農民兵の場合、早く帰郷させて農作業に従事させないと、麦や稲の収穫に影響が出るので、戦場の後片付けより一日も早く軍を引き上げさせる必要があるわけである。

また、織田軍のような、戦闘の専門集団である足軽を、金子で傭っている場合、戦場の後片付けより、次の戦場に転戦させて戦闘に参加させるほうが有利であるから、足軽を戦跡の掃除などには使わない。

では、陣地構築に従事させた、地元の農民や居住者を使えばよいと、現代人は思うに違いないが、それは、いろいろ都合のよくないことが生じるし、資材の回収という面でたいそう繁雑な問題が生じるのである。

合戦場には、死体とともに、鉄砲、槍、刀、弓矢などの武器が放置されている。もし農民を戦場の後片付けに従事させれば、一部の武器は農民の手に渡り、隠匿されるということにならぬとも限らない。

農村に多くの武器が隠し持たれていれば、為政者に対する一揆を誘発する引き鉄となる危険も生ずる。

もう一つの繁雑な問題とは、戦死体のまとっている甲冑具足、戦具、発射して残っている土中の鉛製銃弾などの資材の回収と処分、換金が、手間のかかる問題として残る。

当時は、金属資材に乏しい時代であった。破損した甲冑の一片でも回収し、薄鉄板で裏打ちしてかしめ、表面を漆で塗り、再生して甲冑具足に使用するほど、資源を大切にした時代である。戦場の土は篩《ふるい》にかけて、銃弾の発射しゆがんだものをさがし出し、鋳直して再生して使うという時代である。

勝利者側は、戦場掃除の場合、すべての物資、資材をはぎとり、掘り出し、篩にかけ、利用できるものはそのまま使い、再生できるものは再利用するのである。

屍体は土に埋めて塚を立てるか、焼きすてるか、水葬礼にする。

資材などを換金したり処理することは、たいそう繁雑なことなので、戦場掃除の専門家が必然的に生じたのである。

戦場の掃除屋は、勝利者の軍と交渉して金額をとりきめ、戦場の掃除のいっさいを請合うのである。軍隊が滞在すれば、糧食、宿舎、報給などが必要なので差し引き得になる。

幸運と不運の分れ目は一瞬の判断

鳶ヶ巣文殊山奇襲部隊四千名の編成は、隠密裡に、慌しく行われたに違いない。

迂回部隊の侵入をはばむ岩石の絶壁や、険《けわ》しい山、増水した川、敵の防禦線に気付かれぬため、燈火はまったく使えないし、各自の具足と武器は、梱包して担がねばならない。

携行食糧と水筒、鈎縄、熊手、陣鎌は必携の用具である。

こう考えて準備していくと、暗夜の行軍と夜襲には背負旗は邪魔にこそなれ不必要と誰もが考えて、携行品目から外したに違いない。

事実、背負旗と旗竿を携行した武者は、四千人中、まったくいなかったのであろう。

真夜中の奇襲に、まさか背負旗が必要であろうとは、当の御本人、このこぼれ話の主人公である、戸田半平重之も考えてもいなかったことであった。

しかし半平重之は、「夜八時頃出発し、数々の山や川や絶壁の難所を越え、鳶ヶ巣城の攻撃にとりかかるのは、夜半をすぎて、朝になるかもしれない。もし万が一、朝になって戦端が開かれた場合、旗差物をつけぬ『づんぼう武者』では、様にならぬゆえ、邪魔物であろうが父祖伝来の『銀の霊天蓋《しゃりこうべ》（髑髏《どくろ》）』の旗印だけは携行したい……」と、考えたのであろう。

四千名の奇襲部隊は、連吾川が豊川に注ぐ広瀬の渡しで川越えし、吉川村から松山越えにかかる。高塚山の八合目あたり、菅沼の難所では木の根に縄をつけ、これをたよりに一人一人這い登った。

菅沼山のふもと、土地の人たちが「ごぼ椎」と呼ぶ、椎の大木がそびえる場所がある。椎の木の枝が、激しい風に吹き折られて、牛蒡《ごぼう》の形に似た椎の木というわけである。

奇襲部隊は、ここで集結し、各自、具足を着用した。

奇襲部隊の指揮者、酒井忠次は、四千名を三隊に分け、一隊を鳶ヶ巣城搦手《からめて》（裏口）から突入。一隊を鳶ヶ巣城大手（表口）から突入。他の一隊を、鳶ヶ巣城の支砦である中山砦、久間山砦、姥ヶ懐砦、君ヶ伏床砦に突入するようにきめ、狼煙《のろし》の合図とともに、五百挺の鉄砲を放って突入した。

この頃の戦闘は、豪雨を嫌った。なぜかというと焔硝はしめって、鉄砲が射ちにくい。具足は雨水を吸って重量が二倍にもなる。弓弦も雨にぬれると矢が飛ばなくなるからである。

まさか、この豪雨の真夜半、悪路を突破して奇襲などあるはずがないと油断していた鳶ヶ巣城と各支砦は、寝耳に水の突入にたちまち大混乱におちいった。

銀の髑髏の指物をつけた筆者

しかしさすがに武田軍である、不意打ちを食ったにしては善戦し、奪った拠点を奪い返す。また奪われると一進一退、必死の死闘をくりかえし、ほとんど潰滅した。

鳶ヶ巣城とその支砦は焔に包まれ、備蓄《びちく》した糧食は焼かれ、馬囲いの馬は切り放されて四散してしまった。

長篠城と鳶ヶ巣城は距離的に大変近い。

寝込んでいた長篠城兵は、銃声に驚いて目覚め、起きだして観戦した。

鳶ヶ巣城や砦が火焔に包まれ、あたりは真昼のように明るい。

その時、鳶ヶ巣城の大手門から、長槍をふるって突入していく、寄襲部隊の先頭の武者の背にひるがえる、紺地に銀色にかがやく大きな霊天蓋《しゃりこうべ》の旗差物。

あの一番槍の武者は誰か、と大さわぎになった。

「あれは、戸田半平重之の野晒しの差物だ。

さては、鳶ヶ巣城一番槍は、戸田半平か」

ということになってしまった。

しかし事実は少々異なる。

鳶ヶ巣城に真っ先に突入したのは、天野惣次郎であった。戸田半平とともに突入したのは松平家忠であった。しかし不幸にも、天野惣次郎も松平家忠も、旗差物をつけていない「づんぼう武者」であったため、誰にも認められることはなかった。

人間の運、不運は、一瞬の判断によって明暗を分けるという、よい見本といえる。

名和殿は道理之介と名をかえられよ

名和無理之介宗安は、那波無理之介宗安と書かれている古書もある。

当時の戦場往来の豪傑たちは、いかにも強そうな名前や、誰にでも覚えやすい名前を自由に名乗って使用していた。

これも彼らの処世術の一つであったかも知れない。鳶ヶ巣文殊山合戦に、武田方の武将として、鳶ヶ巣城の支塁である中山砦の防衛指揮をまかされたことは、名和無理之介の勇名が、いかに高かったかを物語っている。

甲州武田軍団にあって、浪人組と呼ばれた剽悍な豪傑集団の頭領で、歴戦の勇士である。

ある戦場で、敵の防禦がいかにも堅固で、弓組がすき間もなく並び、矢をつがえて待ちかまえている。

浪人組の堀無手右衛門が、無理之介に、

「あの敵中にかけ入り、これぞと思う敵と組み合い、討ちとってみられよ」

と言う。無理之介は笑って、

「数千挺の弓、鉄砲をそろえて待ちうける敵には、侍なら掛からぬものである」

と答えた。堀無手右衛門は、

名和殿は　道理之介と　名をかえられよ
とても無理する　お人ではなし

と、からかった。

この逸話は、匹夫の勇をたしなめ、侍は死に場所を選べという心であろう。

この逸話から考えても、設楽原で山県昌景が、主君に対する絶望と面当てで、数百挺の鉄砲の銃口前に突撃し集団自殺をとげたという説は、妄説《もうせつ》であると思う。

鳶ヶ巣城と、その支塁の各々の砦も、豪雨の真夜半、奇襲を受けようとは、まったく思っていなかったのであろう。

熟睡中、不意に鉄砲の乱射とともに、槍刀を閃めかせて斬りこまれ、大混乱におちいった。武田方は具足や防具をつける間がなく、素肌のままで、応戦するのがやっとであった。

両軍入り乱れての死闘は、放火されて燃えさかる炎の中で行われた。

中山砦の主将、名和無理之介と、従う飯尾弥四郎右衛門、五味惣兵衛らの働きはすさまじく、群がる寄せ手の兵を倒して一歩も引かなかった。

そこに徳川方の渡辺忠右衛門と小栗又一郎が槍をつけ、火華を散らして戦い、槍をすて、打刀で斬りむすび、無理之介は壮絶な最後をとげ、中山砦はじめ、各支塁も鳶ヶ巣城も陥落した。

一介の浪人ながら、中山砦の将として散った無理之介、まさに死に場所を得たということであろう。

蛸と烏賊と蟹

天正三年五月二十一日午後、武田軍が一万人近い戦死体を残して敗走したとき、低湿地帯の設楽原は踏み荒され、こね返されて泥沼となり、戦死体と鮮血で膨《ふく》れあがっていたと言い伝えられている。

当時は、物資・資材不足の時代であるから、具足や武器・武具は、すべてはぎとり、戦死体は、まとめて埋め、塚をつくり回向《えこう》することが多かった。

武田軍は、敗走中、織田・徳川軍の追撃を受け、長走《ながばしり》、岩代、鵜の口などの河川渡渉中、水に溺《おぼ》れて死ぬ者少なからず……と言う。

また、逃走をさえぎる滝川・豊川の沿岸に追いつめられて、「転落水死せる者少なしとせず……」などと記録されているが、戦場掃除の際、戦死体を水葬礼にして処理したものが、かなりの数あったと思われる。

寒狭川に近い、長篠、有海原《あるみはら》、大海《おおみ》地区では、ほとんどが、水葬礼を行ったとみるのが妥当と思われる。

『宮嶋伝記』には、

「古老語って曰く、この長陣の後に、吉田川下に蛸《たこ》の集りたること、おびただしく、前代未聞の事也。蛸は人の血を吸う物にや、彼の死骸を喰う故にやと、噺《はなし》せしなり」

と、書き残されている。

よく似た話、少々違うけれど、天明三年（一七八三年）、浅間山噴火の直後、多くの死体が流れ込んだ東京湾に、烏賊《いか》の大群が群れ集まったと言われ、関東大震災の直後にも隅田川川下に、烏賊の大軍が、現れたとも言われている。

友人にこの話をすると、友人曰く、

「それでは、蛸と烏賊がかわいそうですよ。濡れ衣《ぎぬ》ですよ」

と前置きして、屍体をまず嗅《か》ぎつけて集まってくるのは蟹《かに》であって、人肉をきれいに食べてしまう。その蟹の大群を食べるために、蛸や烏賊が集まってくるのである、と話してくれたが、蟹は蛸や烏賊の大好きな餌であるらしい。以上、真偽ははっきりしない話であるが、この話をきいてからは、何となく蛸、烏賊、蟹を敬遠するようになった。

歴史の勉強をして、損をしたという珍しい話ではある。

戦国のニューハーフ、井筒女之介

『武者物語』の上巻の中に、

「古き侍の物語に曰く、井筒女之介といひて、武辺世にすぐれたる渡り奉公人あり。彼者《かのもの》の形を見るに、女人の出立《いでたち》にて、髪を長く生やし、唐輪《からわ》に結い、其からわの中に、不断平針をさしこみて置きたるとなり。是は人に唐輪をとられまじき為なるかといへり」

女之介は武田軍に陣貸りして長篠戦で戦死している。鳶ヶ巣城支塁の砦であろう。

二人の落合左平次、磔刑の指物の謎

長篠・設楽原合戦には逸話がたいへん多い。古い戦記を、多勢の人が書きのこしてきているうちに、書き誤られた部分もあるし、この戦役があまりにも有名なために、他の戦役での出来事を、この戦役中のことのように書かれた逸話も見られる。

羽柴秀吉が、馬防柵をつくる指揮をしていて、柵木の結び方は、男結びにせよと教えたという話が出てくるが、昔は柵を結うために、男結びを使わなかったことは前述した。後に有名になった太閤秀吉を、設楽原の戦記に出したかったための作り話ではあるまいか。

古来から合戦話に出てくる有名な旗指物（背負旗）の図柄には、望み見る敵兵が、一瞬胆をひやして立ちすくむように、インパクトの強い図柄が好まれた。

昔のお墓である五輪塔。墓所に立てる供養の板碑である卒塔婆《そとうば》。戦地で野ざらしになり枯れてた髑骨頭部《しゃりこうべ》。幽霊から十人力をもらった幽霊半之丞の女幽霊。山根新八郎が供養した生首。磔直前の鳥井強右衛門を描いた落合左平次の背負旗。

中でも最も強烈な刺激を与えられるのが、長篠城攻防戦に由来する、磔の差物である。

東大資料室に現物が保管されているが、大型の四半旗で白地に全身赤鬼のような下帯一つの裸形の偉丈夫が、のど輪と両手首両足を縄で縛られ、大の字なりに磔柱にかけられている。怒髪は逆立ち、限は白く大きく見開らかれ、すさまじい形相である。

この差物のモデルは、長篠城が武田軍の猛攻で落城寸前まで追いこまれたとき、援軍を求める密使を志願した三州市田村出身の鳥井強右衛門勝商《かつあき》三十八歳であった。

鳥井強右衛門磔の地にある碑

重囲を突破して連絡に成功したが、報告に帰る途中、武田軍に捕らえられた。

強右衛門は武田軍をあざむき、城中に連絡の成功を報告したため、五月十六日有海原で磔にかけられた。その光景をスケッチして、自分の指物（背負旗）とした武士が、落合左平次である。もっとも、磔の指物がはためいたのは、長篠・設楽原合戦が終わってからの話であろう。ここに一つの謎がのこる。

というのは、落合左平次という武者が、二人存在するのでややこしくなる。しかも敵味方に一人づついる。すなわち、

徳川氏の家臣に、落合左平次道久。

武田家の家臣に、落合左平次道次。

強右衛門の磔を、現場にいてスケッチしたのであれば、武田方の左平次道次であろうが、長篠城からも現場は見えるから、どちらともいえぬ。

有海原の処刑場所は、長篠城からは、スケッチするには少々遠すぎるとも思える。忠勇の士とはいえ敵方の勇士の絵姿を自分の指物とするか、という疑問ものこる。しかし当時の考え方として、敵ながら天晴れ、武士の鑑《かがみ》ということもあったかもしれない。

左平次道久（徳川の臣）の指物とすれば、道久は後から話を聞いて下絵を描かしたか、想像で磔の姿を描いたものであろうか?

しかしこの差物が有名になったことを考えると、敗軍の武士、左平次道次（元武田家臣）の指物ではなく、勝ちいくさの徳川の臣、左平次道久の指物であったのではないか、と考えられる。鳥井強右衛門勝商は、徳川家の重臣、奥平貞昌一族と長篠城を守った忠勇の士であることも、指物の声価を高め、長篠戦のロマンをかきたてたからであろう。

しかし二人の左平次の謎は、完全に解き明かされたわけではない。

左平次道久（徳川方）か、左平次道次（武田方）か。正確な古文献による確証を教えていただきたい。

多田久蔵、設楽原に散る

多田久蔵といえば、誰知らぬ人とてない、歴戦の豪傑である。

岐阜出身の武者で、数えきれぬほどの武功もさることながら、彼の名前が、並はずれた豪胆な者として、多くの人に印象づけられているのは、世にも奇怪な、彼が少年時代に遭遇した出来事による。

久蔵の伯父《おじ》が死に、その葬式を行っている最中、四辺にわかに暗闇になり、変化《へんげ》の者たちが火焔車にのって突然出現した。

すさまじい火焔に包まれた金色の車には、恐ろしい形相の異形の鬼たちが乗り、その恐ろしさに送葬の人たちは、恐怖に魂を消して、声も出せないまま、地に伏してふるえていた。

火焔車の変化たちは、死骸《むくろ》をさらっていこうとした。少年ながら多田久蔵は、ただ一人、佩刀を抜き放ち、変化の者をことごとく斬り倒し、伯父の死骸を奪いかえした。

この奇怪な化物退治は、美濃・尾張一円に流布されて、多田久蔵の名声を高めた。

設楽原で武田軍が潰滅したとき、織田軍の雑兵たちが、泥土に脚をとられて動けなくなっている敵兵を、折り重なって捕らえ、織田軍の陣地に引いてきた。

ただの雑兵であろうと、放してやろうとしたが、着衣をはぎとると、緋段子《ひどんす》の下帯をしているので、これは身分のある侍であると、名を訊《き》くが答えない。

こんな馬鹿ばかしい合戦ははじめてだと笑っている。そのうち、豪胆なはずである、多田久蔵であるとわかり、信長に申し上げた。

信長は手を拍《う》って喜び、「多田久蔵は岐阜・尾張では著名の士であるし、我にとっては縁故の地である。今日から我につかえるがよい、すぐ縄をといて連れてまいれ……」と、側近の家臣、長谷川藤五郎秀一《ひでかず》に命じた。

長谷川藤五郎は主命を奉じて、すぐ席を立ち、多田の捕縛されている陣屋に行き、勝敗は時の運である、縄目にかかっても、曽《かつ》ての恥辱でもないと、情深い信長の言葉をかけて、多田の縄をほどいてやった。

ところが縄がとかれると、多田久蔵は突然に、陣屋の壁に立てかけてあった数本の長槍の中から、一本を奪いとり、たちまち、四、五人の兵士を刺殺してしまった。

陣中は大騒ぎになり、もてあました軍兵たちは、大勢で、やっと多田を斬り伏せた。

長谷川藤五郎は、多田の首級をさげて、信長の御前に立ちかえり、やむを得ず首を打った旨を言上した。

信長は、「多田は天晴れ、義勇の武士なり」と、その最期を惜しんだ。

多田久蔵は、合戦のたびに、ただ一人、真っ先に斬りこんでいく、一番乗りをすることで有名な勇士であったが、設楽原の泥濘と鉄砲の銃眼には勝てなかったのである。

御旗・楯無しの鎧考

（甲州市）塩山の菅田天神社に、武田家の重宝であった、有名な楯無《たてな》しの鎧（防禦用の楯を必要としない、矢の通らぬ頑丈な鎧の意味で名付けられた源家八領中の名甲冑）が、社宝として完全な姿でのこされている。

筆者は若い頃、何度も拝観した。当時は収蔵庫も完備していないで、がらんとした部屋に飾ってあった。

天神社の方も見張っておられず、参拝者まかせの鷹揚《おうよう》さで、国宝をさわることもでき、胴裏や鉢裏も、ゆっくり拝観できた。

研究者にとっては至福の時間で、飽きることなく拝観し、懐古の泪を流したものである。

武田家では、御旗・楯無しの鎧の前で、一度誓ったことは絶対に違反、取り消しはできないという、きびしい家憲があった。

設楽原合戦に突入するかしないかを決する軍議の席で、御旗・楯無しの前で突入と決められ、あとには退けないための突撃であったときいていた、その実物を拝観するたび、感無量であった。

鎧の研究者で、筆者の先輩であった、山上八郎博士は、異説をとなえておられた。

山上説は、国宝である、その大鎧の小札《こざね》が薄く、楯無しと呼ばれる鎧ではなく、むしろ源氏八領の鎧の中では、薄金《うすがね》と呼ばれたものではないか、という説であった。

この大鎧も数奇な運命を辿ってきたらしく、一度は盗み出されて、土中に隠されていたのを掘り出されたものと聞いている。

永い年月、よほど大切に保存されてたものであると考えられるのは、胴の裏面を見ると、片山形の小札の中に、時代の違う鉄の矢筈札が一枚交じっているのが印象的であった。

山上説では、この大鎧は武田氏の楯無しでなく、天神社の所在地近くに屋敷のあった（その頃は壕の跡ものこっていた）豪族、小曽《おぞ》氏のもので、小曽氏の寄進したものであろう、という説であった。

しかし筆者は、学術的な研究はしばらくおき、筆者の心情としては、菅田天神社にのこる、この国宝の大鎧を、武田家の神宝として伝来した、源家八領の楯無しの鎧であるという伝承を信じたい。

武田勝頼と将星たちは、甲府を出るとき、もちろん、御旗・楯無しに勝ち軍《いくさ》を祈り、敵撃滅を誓って出撃している。いまさら戦わずに撤退することは許されぬ。軍議は紛糾した。

このような場合、おだやかな慎重論より、激しい主戦論が、得てしてまかり通るものである。そのうえ、武田軍の背後、長篠城を索制するための鳶ヶ巣城は陥落し、砦も焼かれ、馬、食糧を失い、撤退不可能かという状態であった。

出撃に賛成したのは、勝頼側近の若手の武将が多く、出撃に反対したのは老将が多かったという。しかし一度、御旗・楯無しの前で決定したことは絶対である。

武田軍は、未知の野戦築城陣地に出撃していったのである。

この、戦国ロマン圧巻の緊迫した名場面を見届けた、歴史の証人であるこの大鎧が、設楽原に武田軍の退き貝《の》が鳴りひびいたのち、いったい、どのような運命を辿り辿って、この菅田天神社に、安住の地を得たのであろうか。

筆者の夢は限りなくひろがっていく。

設楽原合戦の再現実験に協力していただいた設楽原鉄砲隊と名古屋鉄砲隊のみなさん
(平成４年７月12日。設楽原古戦場にて)

あとがき

この著述は、筆者が四十年間、思いを込めた、どうしても書きのこしておきたい、一つのテーマをまとめた一冊である。

あまりにも誤り伝えられた、設楽原銃撃戦の歴史定説を、根本から否定し訂正して、甲州武田軍団壊滅の真相を、後世に正しく書きのこし伝えておきたいための一冊である。

設楽原戦記のほとんどに、常識ではまったく考えられない謎の部分があまりにも多すぎる。

地元にのこる貴重な伝承も、重要な歴史事実も、まったくとりあげられず無視されている。

日本国が極東の島国で、隣接した強国もなく、歴史的交流の少なかったことが、孤立した文化圏を形成した。

徳川氏の政権が三百年間も維持されたことが、日本の歴史事実を押しゆがめたであろうことも考えられる。

古文書と伝承の発掘と、実験と実証により、誰でも納得できる適切な推理で、設楽原合戦の謎解きを試み、あまりにも誤った歴史定説を根本から書き直したいのである。

この著述は、設楽原合戦の定説に関心をいだく、多くの研究家の御協力を得て成ったものであって、決して筆者一人のものではない。地元の、設楽原をまもる会の今泉正治会長、元・新城市市議、現県会議員の加藤實先生、西尾市の葵《あおい》武具資料館の加藤征男館長、テレビマン・ユニオンの高橋和一プロデューサー、横須賀市の歴史学者・鈴木眞哉先生、出版に努力して下さった雄山閣出版社長の長坂慶子様、元雄山閣出版専務の芳賀章内氏、編集部の内田和浩氏の御厚情に、深く感謝を捧げる。

平成十年六月

名　和　弓　雄

今回の「第二版」は、平成十年（一九九八）六月刊行の「初版」を底本とし、できる限り原文を尊重しつつ、明らかな誤字・誤記載を正し、より読みやすい書籍となるよう再編集いたしました。なお、本文中に今日の観点から一部不適切な表現が見受けられますが、執筆時の時代背景等を考慮し、原文通りといたしましたこと、御了承願います。

（編集部）

著者略歴
名和弓雄（なわ・ゆみお）
＜著者略歴＞
明治 45 年（1912）1 月、福岡県北九州市に生まれる。
時代考証家・武術家（正木流万力鎖術宗家）
平成 18 年（2006）9 月逝去

＜主な著作＞
『十手・捕縄事典』『拷問刑罰史』『日本の拷問と処刑史』『間違いだらけの時代劇』『続間違いだらけの時代劇』『土と炎と城』『絵でみる時代考証百科』など多数

1998年6月5日　初版発行
2015年6月30日　第二版発行

長篠《ながしの》・設楽原合戦《したらがはらかっせん》の真実《しんじつ》　第二版
—甲斐《かい》武田《たけだ》軍団《ぐんだん》はなぜ壊滅《かいめつ》したか—

著　者　名和弓雄
発行者　宮田哲男
発行所　株式会社 雄山閣
〒102-0071　東京都千代田区富士見2-6-9
TEL　03-3262-3231 / FAX　03-3262-6938
URL　http://www.yuzankaku.co.jp
e-mail　info@yuzankaku.co.jp
振　替：00130-5-1685
印刷・製本　株式会社ティーケー出版印刷

ISBN978-4-639-02366-1 C0021
N.D.C.215　248p　19cm